学前教育专业规划教材

幼儿园区域活动与环境创设

YOU'ERYUAN QUYU HUODONG YU HUANJING CHUANGSHE

主　编　秦　莉
副主编　张小芳　罗晓婷
编　委　阮晓磊　金　叶　朱萌萌
　　　　蒋　希　苏彦源

西南师范大学出版社
国家一级出版社　全国百佳图书出版单位

图书在版编目(CIP)数据

幼儿园区域活动与环境创设/秦莉主编. —重庆：西南师范大学出版社，2018.6(2022.7重印)
ISBN 978-7-5621-9269-5

Ⅰ.①幼… Ⅱ.①秦… Ⅲ.①幼儿园—环境设计—教材 Ⅳ.①G617

中国版本图书馆CIP数据核字(2018)第100006号

幼儿园区域活动与环境创设
YOU'ERYUAN QUYU HUODONG YU HUANJING CHUANGSHE

秦莉　主编

责任编辑：	刘　凯　钟小族
装帧设计：	岚品视觉 CASTALY　周娟　钟琛　何欢欢
排　　版：	瞿勤
出版发行：	西南师范大学出版社
	地址:重庆市北碚区天生路2号
	市场营销部:023-68868624
	邮编:400715
印　　刷：	重庆长虹印务有限公司
幅面尺寸：	185 mm×260 mm
印　　张：	12
字　　数：	227千字
版　　次：	2018年8月　第1版
印　　次：	2022年7月　第3次印刷
书　　号：	ISBN 978-7-5621-9269-5
定　　价：	36.00元

学前教育专业规划教材

总主编

杨晓萍

学术指导委员会

顾　问：刘云艳　李　静　李姗泽
主　任：杨晓萍
副主任：皮军功　李雪平　徐井万　宋延军　郭光亮
委　员：(以姓氏笔画为序)

王全民　田劲松　孙亚娟　牟映雪　李　旭
李　敏　李阿芳　杨　达　杨　挺　杨莉君
宋占美　张家琼　陈世联　赵伶俐　胡　静
夏　蔚　康建琴　程秀兰　魏勇刚

编委会

主　任：杨晓萍
编　委：(以姓氏笔画为序)

王文乔　王其红　王善安　刘　璐　刘志慧　孙亚娟
苏飞跃　李传英　李姗泽　杨　雄　肖素芬　吴志勤
何　茜　何孔潮　余　璐　宋丹凤　宋延军　张　骞
张利洪　张雪艳　陈伦超　岳慧兰　周　昶　赵海燕
赵景辉　胡　莉　胡　静　胡天龙　秦　莉　夏　巍
徐晓燕　郭光亮　黄玉娇　曹　斌

温馨提示

本书配有丰富的教学资源（PPT、教学设计、教学案例……）可扫描上方二维码进行浏览，获取原版资源请联系我们！

联系电话:023-68252455　熊老师

ZONGXU 总序

  党的十九大报告指出,我国社会主要矛盾已经转化为人民日益增长的美好生活需要和不平衡不充分的发展之间的矛盾。在学前教育领域,就是人们日益增长的对高质量学前教育的需要和学前教育质量不平衡不充分发展之间的矛盾。目前幼儿教师的专业性薄弱成为制约学前教育发展的关键因素。为了满足社会对优质学前教育人才的需要,我国必须建立健全应用型学前人才培养机制。2010年,《国务院关于当前发展学前教育的若干意见》中指出"师资队伍不健全"是学前教育薄弱环节的主要表现之一,提出要"完善学前教育师资培养体系";2014年,《国务院关于加快发展现代职业教育的决定》再次强调:"在学前教育、护理、健康服务、社区服务等领域,健全对初中毕业生实行中高职贯通培养的考试招生办法。"可见,师资培养已经成为当前学前教育发展的重中之重。

  教材建设是幼儿教师教育改革的重要环节,直接影响着未来幼儿教师的专业素养。我们立足于学前教育师资培养的实际,着眼于夯实学生的基本理论和基本能力,培养符合时代要求、具有良好专业素养的新型幼儿教师,力求体现时代性、科学性和实践性,组织编写了本套教材。教材的特色体现在以下几个方面:

  1.编写队伍上,阵容强大,经验丰富

  本套教材的主编、副主编及参编人员来自各级各类院校、教研机构以及一线名园,均长期从事相关专业工作,有着扎实的理论基础和丰富的实践经验。

2.内容选择上,以生为本,适应学情

教材编写强调以学生为中心,融合"教材即学材"的理念,符合职业教育的培养目标与学生认知规律,适应学生的学习能力和自主学习的需要。

3.呈现形式上,创新模式,易教利学

融入多种板块(如学习目标、学习重难点、知识结构图、案例导入、本章小结、思考与练习)和学习材料(资料链接、人物介绍、拓展阅读),部分学科采取以项目执行来设置教学单元,增强了可读性,易教利学。

4.配套资源上,立体建设,拓展资源

配合教学中的教、学、做、测各环节,采用不同的技术手段,开发了多样的教学资源,具体包括PPT、典型案例、题库、名师名课视频等等,为教学提供全面支持。

总之,本系列教材注意了课程结构,反映了各门课程结构之间的联系和衔接,内容分配合理,既相互联系又相互区别,在帮助学生尽快掌握幼儿教育的基本理论和从事幼儿教育工作最基本的工作技能等方面做了有益的探索。

最后,要感谢参与本系列教材编写和审稿的各位老师所付出的大量辛勤劳动,也要感谢西南师范大学出版社职业教育分社的编辑们对本系列教材的支持和编辑工作。由于编写时间紧、人员能力有限等原因,本套教材还存在一些不足。在使用本教材的教师和学生的关心和帮助下,我们会不断改进和完善这套教材,促进我国学前教育专业的教学改革和课程建设,提高人才培养质量,进而促进学前教育质量的提升。

杨晓萍

2018年6月

QIANYAN 前言

　　幼儿园区域活动是目前我国幼儿园课程的主要形式之一。在多元文化的冲击和以幼儿为本的教育观的影响下，区域活动在我国幼儿园中也呈现出复杂多样的形态。幼儿园区域环境作为幼儿园重要的教育资源，在开发幼儿智力、促进幼儿个性和谐发展等方面具有独特的作用。为了培养适应学前教育发展需要的高素质的新型师资，体现幼儿教师教育的未来发展方向，我们开发了这本具有示范引领作用和实践价值的教材。

　　《幼儿园教育指导纲要(试行)》强调，幼儿每天应有适当的自主选择和自由活动的时间，通过引发、支持幼儿与周围环境之间积极的相互作用来学习知识技能、发展认知能力，形成良好的社会性。2011年教育部颁布的《幼儿园教师专业标准(试行)》也明确提出，幼儿教师要重视环境对幼儿的独特价值，在幼儿园教育中要求幼儿教师具有幼儿园环境创设的专业能力。

　　现阶段，国内很多幼儿园在开展区域活动的过程中，往往忽略了区域活动与环境创设的实际效果。本教材基于《幼儿园工作规程》《幼儿园教育指导纲要(试行)》《幼儿园教师专业标准(试行)》《3—6岁儿童学习与发展指南》等文件的精神，同时借鉴了学前教育界前辈和同行的成果。教

材的编写以适应社会需求为目标,以能力提升为本位,切合学前教育专业应用型人才培养模式,突出实践取向,注重培养学生从事幼儿教育的实际工作能力,突出基础理论知识的应用和实践技能的培养。本教材具有以下创新之处:

1.在内容选择上,力求理论与实践相结合

内容丰富,具有较强的针对性。既有理论方面的阐述,又有幼儿园区域活动与环境创设的实践案例;既立足于实用性,又注重方向性,符合学前教育的培养目标和学前教育学生认知发展特点。

2.在教材编写形式上,力求独特新颖

结合现代大学生的阅读习惯和兴趣,做到简洁明了。本教材在每一章开头附有学习目标、学习重难点以及知识结构图;内容中又穿插了拓展阅读、案例分析、国考真题;结束部分设计有思考与练习。

3.在资源配套上,力求易教利学

本教材配有较完整的课程教学资源,如PPT、教学案例、教学图片、试题库、音频资源、视频教程,为教学提供全面的支持与服务。

本教材由四川幼儿师范高等专科学校秦莉副教授担任主编,主要负责设计教材框架与修改,编写部分章节以及统稿和定稿。四川幼儿师范高等专科学校张小芳老师担任副主编,参与本书提纲的拟定、编写部分章节并参与了统稿。参加编写的老师有:四川幼儿师范高等专科学校秦莉、张小芳、阮晓磊、金叶、朱萌萌;重庆航天职业技术学院蒋希、苏彦源。具体分工如下:第一章"幼儿园区域活动概述"(秦莉)、第二章"区域环境的准备与创设"(张小芳)、第三章"区域材料的选择与利用"(苏彦源)、第四章"区域活动的组织与指导"(阮晓磊)、第五章"区域活动的观察分析与评价"(蒋希)、第六章"创造性游戏区域活动与环境创设"(金叶)、第七章"规则游戏区域活动与环境创设"(朱萌萌)、第八章"延伸区域"(阮晓磊)。

由于编者水平有限,本书中难免有错误和疏漏之处,恳请广大读者和专家们提出宝贵意见,以便修订时完善。

编者

MULU 目录

第1章 幼儿园区域活动概述 ········· 1
 第一节 幼儿园区域活动的含义 ········· 3
 第二节 幼儿园区域活动的特征 ········· 9
 第三节 幼儿园区域活动的意义 ········· 16

第2章 区域环境的准备与创设 ········· 23
 第一节 区域环境创设 ········· 25
 第二节 区域环境创设的价值 ········· 38
 第三节 区域环境创设的方法 ········· 42

第3章 区域材料的选择与利用 ········· 47
 第一节 材料的功能与选择 ········· 49
 第二节 材料的配备和利用 ········· 58

第4章 区域活动的组织与指导 ········· 71
 第一节 区域活动规则的指导 ········· 73
 第二节 区域活动的组织与实施 ········· 83

第 5 章　区域活动的观察分析与评价 …… 93

第一节　观察分析区域活动的意义及要点 …… 95
第二节　观察分析区域活动的方法 …… 100
第三节　区域活动的评价 …… 106

第 6 章　创造性游戏区域活动与环境创设 …… 119

第一节　角色游戏区 …… 121
第二节　表演游戏区 …… 127
第三节　建构游戏区 …… 135

第 7 章　规则游戏区域活动与环境创设 …… 141

第一节　益智区域活动与环境创设 …… 143
第二节　体育游戏活动与环境创设 …… 151

第 8 章　延伸区域 …… 159

第一节　拓展区 …… 161
第二节　特别研究区 …… 168

参考文献 …… 175

参考答案 …… 177

第 1 章
幼儿园区域活动概述

　　《3—6岁儿童学习与发展指南》(以下简称《指南》)的颁布实施,使幼儿园区域活动得到了前所未有的重视,但我们发现,在区域活动的组织中,还是存在区域设置形式化、材料投放不更新、区域活动与其他教育活动脱节、活动组织高控制等问题。是不是在活动室里划分几个区域就是区域活动呢?它和集体教育活动、分组活动及个别活动的区别在什么地方?

【学习目标】

1. 了解幼儿园区域活动的含义。
2. 掌握幼儿园区域活动的主要特征。
3. 理解幼儿园区域活动的教育价值。

【学习重难点】

重点：幼儿园区域活动的主要特征与教育价值。
难点：幼儿园区域活动的理论依据。

【知识结构图】

$$
\text{幼儿园区域活动概述}\begin{cases}\text{幼儿园区域活动的含义}\begin{cases}\text{起源与发展}\\\text{理论依据}\end{cases}\\\text{幼儿园区域活动的特征}\begin{cases}\text{幼儿园区域活动与其他教育活动的关系}\\\text{幼儿园区域活动的特征}\end{cases}\\\text{幼儿园区域活动的意义}\begin{cases}\text{对幼儿发展的意义}\\\text{对幼儿教育改革的意义}\end{cases}\end{cases}
$$

第一节
幼儿园区域活动的含义

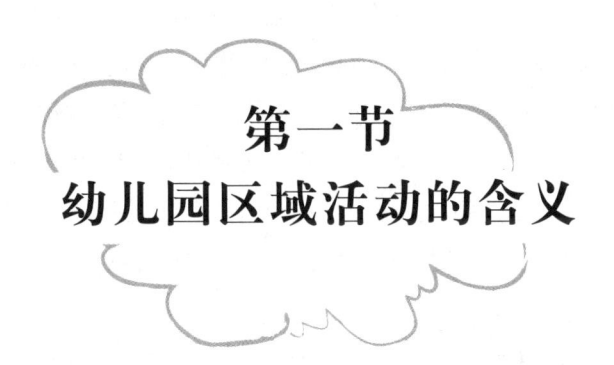

一、区域活动的起源与发展

区域活动是一种"舶来品",它有多种名称,例如,游戏区、学习区或兴趣小组等。区域活动最早起源于欧洲,作为一种思想、一种方法,由意大利著名的幼儿教育家玛丽亚·蒙台梭利首次提出,是一种有别于班级授课制的新型教育组织形式。它的本质是为了促进幼儿自由、民主、富有个性地发展,具有自由性、自主性、指导的间接性和个性化等特点[1]。

蒙台梭利在提出区域活动时,根据幼儿的认知特点及兴趣爱好,将活动区域分为了七个区:日常生活教育区、感官教育区、数学教育区、语言教育区、科学教育区、文化教育区和艺术教育区,并在各个区域投放不同内容、不同发展水平的材料,采取混龄教育的原则,鼓励幼儿在与材料的互动中主动学习并成为独立个体。

20世纪30年代,英国大力引进蒙台梭利的教育思想。在教育实践中,教师充分尊重每个幼儿的个体差异,并竭尽全力为每个幼儿提供发展的环境与机会,让其在丰富多彩的区域活动中获得发展。在英国学前教育中,组织幼儿参加区域活动是对其进行个性化教育的重要途径。丰富多彩的活动区域类型,更加成熟的区域活动内容,表现突出的幼儿个性教育,使英国的区域活动较之蒙台梭利提出的区域活动更加完善[2]。

20世纪60年代后,美国很流行"开放教育",政府和公众对学前教育投入了极大的热情与关注,特别是随着"开端计划"的实施,给很多课程的研究与实践提

---

[1] 霍力岩,齐晓恬.区域活动的本质特征[J].幼儿教育,2009(Z1).
[2] 黄珍.文化学比较视角下的幼儿园区域活动研究[D].广西师范大学硕士学位论文,2014.

供了宽广的平台。当时最典型并与区域活动有关的课程主要有四种：发展-互动课程、高宽课程、凯米-德佛里斯课程以及蒙台梭利课程。其中的高宽课程以皮亚杰的儿童认知发展理论为基础，强调学习是幼儿主动参与的过程，其核心理念是儿童的主动式学习，包括材料、操作、选择、儿童语言和思维、成人的支持五个因素。教师根据幼儿的需要与兴趣，设置了动植物区、积木区、音乐区、木工区、沙水区、美工区、娃娃家区、规则游戏区、运动区九个活动区域，并为幼儿提供开放性的材料，鼓励幼儿自主选择区域和材料开展探索活动，教师在其中起观察指导的作用。

美国学者约翰·托马斯认为区域活动中的"区域"包括幼儿园教室中的任何一个区域。巴巴拉·德恩提出区域活动应进行有针对性的指导，其管理与区域代码、活动要求等和社会立场息息相关，她将区域分为了积木区、艺术区、语言区、角色游戏区、科技区和运动区等几个领域。这些思想占据了美国学前教育课程的主阵地，促进了区域活动在美国的发展与流行。[①]

20世纪80年代中后期，一些留学归国人员将以上理论从美国引进中国学前教育界。在贯彻落实教育部颁布的《3—6岁儿童学习与发展指南》（后称《指南》）和《幼儿园工作规程》的过程中，我国学前教育界从理论到实践都对其进行了深入研究和探索，基于现代儿童观的区域活动受到前所未有的关注与重视。而区域活动这种幼儿园教育活动组织形式，能够为幼儿提供丰富的、与幼儿年龄相适应的材料，能够让幼儿自己选择活动的材料、内容、主题和同伴，能够让幼儿按照自己的速度、方式和语言等来进行操作和探索活动。这些特征，符合《指南》精神，符合当前学前教育改革的步伐，因此也逐渐被我国广大幼教工作者所采纳和推广。

二、幼儿园区域活动的理论依据

关注幼儿兴趣与需要的儿童中心主义取向的教育理念成为国内外诸多区域活动开展的指导思想。

美国教育家杜威的实用主义教育思想为区域活动提供了理论依据。杜威说，儿童是中心，教育的措施便围绕他们而组织起来。他提出，书本、教师应是为儿童服务的，主张把教育的重心转移到儿童方面来，使儿童成为教育的主宰。幼儿园组织各种活动就应以儿童为中心，这是与儿童的本能和需要协调一致的。

---

① 涂德兰.90年代以来幼儿园区域活动研究述评[J].科学咨询(教育科学),2017(2).

因此,在幼儿园教育活动中,儿童是起点,是中心,而且是目的,教师应是儿童生活、生长和经验改造的启发者和指导者,他们的工作任务是彻底改变压制儿童自由和制约儿童发展的传统教育方式。

瑞士心理学家皮亚杰的认知发展理论也是区域活动的重要理论依据之一。他的理论摆脱了遗传和环境的争论,旗帜鲜明地提出内因和外因相互作用的发展观,即心理发展是主体与客体相互作用的结果。皮亚杰是"活动教学法"的积极倡导者。他指出,儿童学习的真正基础是活动。活动在儿童的智力发展中起着至关重要的作用,在儿童的早期尤其如此。所以他认为,活动是连接主客体的桥梁和中介,认识的形成主要是一种活动的内化作用。也就是说,只有儿童自己具体地和自发地参与各种活动,才能形成他们自己的认知。教师要充分调动幼儿的各种感官,鼓励他们多动口、多动手、多动脑。特别是在儿童的教育中,要让他们在活动中、在解决问题中进行学习。教师应布置情景,提供材料、工具和设备,让孩子自由操作、摆弄、试验、观察和思考,自己认识事物,发现问题,得出答案。

我国著名教育家陶行知的"教学做合一"理论是区域活动的又一依据。他认为教、学、做三者不可分割,做是教与学的中心。教、学、做三者是密切相关的,但是都统一在做上。做是教的中心,也是学的中心,教者、学者都要在"做"的实践中发挥其主观能动性。他特别强调"做"在获得知识过程中的作用,强调了实践是获取知识的途径,有助于培养年轻一代的动手操作能力。所以,幼儿最有效的学习方式是"做中学"。

2001年7月颁布的《幼儿园教育指导纲要(试行)》的"总则"中指出:"幼儿园应为幼儿提供健康、丰富的生活和活动环境,满足他们多方面发展的需要,使他们在快乐的童年生活中获得有益于身心发展的经验。幼儿园教育应尊重幼儿的人格和权利,尊重幼儿身心发展的规律和学习特点,以游戏为基本活动,保教并重,关注个别差异,促进每个幼儿富有个性的发展。"第三部分"组织与实施"第九条指出:"科学、合理地安排和组织一日生活。"这就要求教师将直接指导的活动和间接指导的活动相结合,保证幼儿每天有适当的自主选择和自由活动时间。

2012年9月颁布的《3—6岁儿童学习与发展指南》中指出:"要充分理解和尊重幼儿发展进程中的个别差异,支持和引导他们从原有水平向更高水平发展,按照自身的速度和方式到达《指南》所呈现的发展'阶梯',切忌用一把'尺子'衡量所有幼儿。""幼儿的学习是以直接经验为基础,在游戏和日常生活中进行的。要珍视游戏和生活的独特价值，创设丰富的教育环境，合理安排一日生活，最大限度地支持和满足幼儿通过直接感知、实际操作和亲身体验获取经验的需要。"

2016年3月开始施行的《幼儿园工作规程》中第五章第二十八条指出："教育活动内容应当根据教育目标、幼儿的实际水平和兴趣确定，以循序渐进为原则，有计划地选择和组织。教育活动的组织应当灵活地运用集体、小组和个别活动等形式，为每个幼儿提供充分参与的机会，满足幼儿多方面发展的需要，促进每个幼儿在不同水平上得到发展。"

上述三个文件中提出的要求正好符合区域活动的特点，以游戏为基本活动，尊重幼儿个性差异，让幼儿根据自己的兴趣与爱好选择活动材料和活动区域，以促进幼儿的个性化发展。这三个文件为我国幼儿园区域活动的开展提供了直接的理论依据。

三、幼儿园区域活动的不同论述

关于区域活动的含义，因不同的研究者研究角度的不同，出现了不同的论述。

比如，线亚威在其论文《幼儿园活动区教育实验研究》中指出：活动区教育是指在一定的时间和空间设置各种区域（如角色区、建构区、美工区、益智区、表演区、语言阅读区、操作区、科学区、自然观察区等），提供各种丰富的游戏、学习材料，让幼儿按照自己的意愿、需要及目标要求选择活动内容和方式，以促进幼儿全面和谐发展的一种教育模式。[①]

霍力岩、孙冬梅认为区域活动指的是一种教育形式，即教育者以幼儿感兴趣的活动材料和活动类型为依据，将活动室划分为不同区域，教师根据一定的教育目标，在这些区域里布置丰富多彩的活动材料，让幼儿根据自己的兴趣和发展水平自主选择活动区域和活动内容，通过材料的操作以及与环境和同伴的充分互动而获得个性化的学习与发展。[②]

冯晓霞认为区域活动即活动区活动，是指教育者根据幼儿感兴趣的活动材料和活动类型的不同，将活动室的空间划分为不同区域，让幼儿自主选择活动区域，通过与环境、材料、同伴的充分互动，帮助幼儿获得学习与发展的一种活动形式。[③]

---

① 线亚威.幼儿园活动区教育实验研究[J].辽宁教育学院学报,1999(1).
② 霍力岩,孙冬梅等.幼儿园课程开发与教师专业发展——比较研究的视角[M].北京:教育科学出版社,2006.
③ 冯晓霞.幼儿园课程[M].北京:北京师范大学出版社,2001.

华爱华教授指出:"活动区活动是幼儿通过游戏进行的自主学习。"刘焱教授认为:"活动区意味着选择的可能性,意味着幼儿可以根据自己的兴趣和需要来决定自己做什么和怎么做,而兴趣、自由选择与自主决定是幼儿主动学习的基本条件。"

李生兰认为区域活动就是学习中心、兴趣中心活动,它是教师从儿童的兴趣出发,为使儿童进行高效学习、获得最佳发展而精心设计的环境,儿童可以自由地进出各区域,开展游戏活动。①

张博认为活动区活动是教师根据幼儿的兴趣和发展的需要,在幼儿园中为幼儿设置一定的教育环境即活动区,让幼儿通过主动活动来学习,从而促进幼儿身心和谐全面发展。②

王春燕认为区域活动也称活动区活动或区角活动,是指以幼儿的兴趣、需要为主要依据,考虑幼儿园的教育目标及正在进行的其他教育活动的特点等因素,划分一些区域,如科探区、表演区、结构区等,在其中投放一些适合的活动材料,制订活动规则,让幼儿自由选择区域,在其中通过与活动材料、同伴等的积极互动,获得个性化的学习与发展。③

张海红认为,区域活动也称为区角活动、活动区活动等,它是教师根据教育目标以及幼儿发展水平和兴趣,有目的地将活动室相对划分为不同的区域,如美工区、积木区、表演区、科学区等,投放相应的活动材料,由幼儿按照自己的意愿和能力,以操作摆弄为主要方式进行的个别化的自主学习的活动。④

四、幼儿园区域活动的含义

从上述研究者的论述中我们可以看到,目前有关区域活动的研究多以教育学为主,从其他学科比如社会学、生态学、心理学等方面切入的研究较少。虽然不同研究者对区域活动的概念界定不尽相同,但他们都揭示了区域活动的自主性、创造性、互动性、趣味性和选择性等共同特点。

综上所述,幼儿园区域活动可以定义为:根据幼儿的兴趣与需要,遵循幼儿园教育目标,考虑各种教育活动的性质与特点等因素,将活动场地(包括活动室、

---

① 李生兰.美国学前教育机构的区域活动及思考[J].幼儿教育,2002(10).
② 张博.现代幼儿教育观念研究[M].长春:东北师范大学出版社,2003.
③ 王春燕.幼儿园课程概论[M].北京:高等教育出版社,2007.
④ 张海红.幼儿园区域活动中存在的问题与对策探析[J].教育导刊(下半月),2006(10).

走廊、楼梯间等)划分为一些合理的区域,在其中投放适宜的材料,以促进幼儿在自由选择的区域中与环境、材料及同伴积极互动,并获得学习与发展的个性化成长的一种教育活动组织形式,是对幼儿进行个性化教育的有效手段。

第二节
幼儿园区域活动的特征

区域活动开始一会儿了,图书区里一个阅读者都没有,两位小管理员无所事事地摆弄着图书。我一看这种情景,就马上扮演成阅读者进入活动区:"请问,你们这里有《孙悟空》这本书吗?"一听这话,两个幼儿一起上前忙开了,浩浩帮我搬椅子,航航帮我找书。在我看书时,浩浩还主动询问:"老师,您需要其他书吗?"我说:"你们的服务真好,为什么没有小朋友来看书呢?是小朋友不知道你们这里有好看的书,还是他们不喜欢看书呢?如果你们能给其他小朋友介绍一下好看的书就好了!"两个管理员一听,马上说:"那我们出去宣传我们的图书吧!"航航想了一下说:"不行!我们都出去了,书店里没人,要是有人来了怎么办?"他们商量了一下后决定由航航出去宣传,浩浩留下照顾书店。

幼儿园区域活动与其他教育活动的区别与联系是什么?师幼之间如何互动?幼儿喜欢的区域活动体现出了哪些特点呢?

一、幼儿园区域活动与其他教育活动的关系

幼儿园区域活动是游戏化的小组活动,是幼儿园实施素质教育、推进学前教育改革的一种重要形式,也是幼儿学习的一种重要途径。目前我国幼儿园区域活动的方式主要有三种:第一种是将区域活动作为小组活动的一种形式,第二种是把区域活动作为集体教育活动的延伸,第三种是将区域活动作为幼儿自由活动的形式。

幼儿园区域活动作为幼儿园活动组织的一种重要而独特的教育形式,与幼儿园其他教育活动之间既有区别又有联系。

（一）区域活动与集体教育活动

幼儿园集体教育活动是幼儿园开展教育教学活动的主要形式之一。幼儿园集体教育活动是指以某一既定的教育目标或内容为主要依据，考虑幼儿的兴趣与需要以及可以利用的教育资源等因素，在一个相对固定的单位时间内，面向全体幼儿，在教师的引导下组织与开展的教育活动。区域活动是根据幼儿的兴趣与需要，遵循幼儿园教育目标，考虑各种教育活动的性质与特点等因素，将活动场地（包括活动室、走廊、楼梯间等）划分为一些合理的区域，在其中投放适宜的材料，以促进幼儿在自由选择的区域中与环境、材料及同伴积极互动，并获得学习与发展的个性化成长的一种教育活动组织形式。

幼儿园区域活动和集体教育活动是两种活动组织形式，体现了不同的教育观和儿童观。区域活动经常作为集体教育活动的补充与延伸，也可以从区域活动中生成集体教育活动。它更关注幼儿的个体差异，以促进幼儿的个性化学习为目的，因此活动内容和形式很丰富，幼儿参与的积极性高。但如果组织过于松散，教师缺乏观察与指导，活动可能成为一种简单的小组活动。集体教育活动以教师指导为主，目的性和计划性更强，有明确的活动目标，可控性较强，教学效果更明显，有助于整理并提升幼儿零散的知识经验，使之系统化，但如果对幼儿的个体差异关注不够，控制过多，给幼儿的活动时间较少，则可能导致幼儿对活动失去兴趣。

可以看出，这两种活动形式由于其性质和功能不同，可以相对独立，也可以建立适当的联系，二者相辅相成，在一定情况下也可以相互转化。因此，教师要善于挖掘这两种活动的优势，以活动为载体，促进幼儿的全面发展。比如，教师在组织中班社会活动"各种各样的瓶子"时，利用幼儿与家长一起收集的各种质地与造型的瓶罐以及教师准备的图片与课件，让幼儿知道各种瓶子在生活中的用途，引导幼儿欣赏造型千姿百态、各种质地的瓶子以及瓶体上美丽的图案花纹。在丰富的感性经验基础上，教师可以在美工区投放不同样式的透明饮料瓶、各种手工及绘画材料，引导幼儿运用剪、撕、画、贴等技法完成瓶子装饰。再如，在开展大班语言活动"小蝌蚪找妈妈"之前，可以引导幼儿先去动物饲养角观察并记录小蝌蚪的生长变化，再利用集体教育活动完成此故事教学。同时，可以在视听区提供故事录音，在表演区提供玩偶，在美工区提供绘画材料，幼儿可以随时自主地选择在各个区域开展活动，以此巩固对该故事的理解。

在上述两个活动中，教师充分认识到了集体教育活动与区域活动互为补充的关系,在活动组织中充分发挥了两种组织形式的优势。在开展集体教育活动时,教师特别要注意活动环境的创设和游戏材料的提供,力求让幼儿在情景式活动中获得与本次活动有关的知识经验和情感体验。在开展区域活动时,要注意观察幼儿对已有经验的利用情况。若活动中有知识与技能的不足,在以后的相关集体教育活动中可以调整教育目标,以提升和丰富幼儿的知识经验与技能。

集体教育活动可以为区域活动的开展提供知识经验基础,而区域活动又可以丰富集体教育活动。但不能将区域活动等同于小组活动或集体教育活动的铺垫或延伸,不能过分强调区域活动的学习功能,也不能走向另一个极端,即缩短集体教育活动时间,把更多的时间安排为区域活动,使其具有偶然性、非计划性和非控制性。应将两者充分结合起来,既发挥集体教育活动中教师的主导作用,同时也发挥区域活动中幼儿的主动性与创造性。

(二)区域活动与小组活动

幼儿园小组活动是幼儿园开展教育教学活动的主要形式之一。小组活动指的是根据幼儿发展水平、教育内容、材料的不同,将幼儿分成若干小组进行活动的一种学习形式。它的特点是教师与幼儿、幼儿与幼儿之间的交互作用增强,在活动中幼儿不仅可以一起操作、一起探索、一起讨论合作,而且由于活动中孩子的人数相对较少,更有利于教师充分观察和了解每一个孩子。因此,小组活动是相对于集体教育活动而言的,在这种活动形式中,教师能更好地根据每个幼儿现有的发展水平,寻找最近发展区,创造相应条件使幼儿获得主动发展,同时,教师要根据每组幼儿的实际操作表现给予针对性的支持与协助。

区域活动是根据幼儿的兴趣与需要,将活动场地划分为一些合理的区域,让幼儿在与材料的互动中获得个性化发展。

可以看出,这两种组织形式关注的主体对象不同,前者是幼儿,后者是活动场地。同时,小组活动常常与集体教育活动配合使用,是对集体教育活动的补充与完善,幼儿的自主探索都是在集体教育活动设定的统一目标下开展的,独立确定探索主题的机会较少。而区域活动完全是幼儿根据自己的兴趣与需要,自主选择活动区域和材料来开展的带有学习性质的活动。

(三)区域活动与个别活动

幼儿园个别活动是幼儿园开展教育教学活动的主要形式之一。个别活动可以是教师在充分考虑幼儿的兴趣、能力、水平等情况下,对其进行的有针对性的指导,也可以是幼儿自发的、自由的活动。个别活动一般是在集体活动和小组活动之余,教师在幼儿的游戏和自选活动时间,有意识地选择一些在集体活动中表现较差的幼儿,对其进行一些有针对性的指导,比如,提供一些相应的练习或操作,帮助幼儿丰富经验,建立自信和产生参加活动的兴趣。在活动中,要允许幼儿按照自己的意愿,从自己的水平出发,选择活动内容,自己决定活动的时间。

而区域活动就为实现这种教学活动提供了平台,区域活动就是一种以个别化学习为主的教育方式,幼儿在开放的时间和空间里,能找到适合自己的学习内容、学习方式、学习进度,自主地进行学习和积累。它作为一种自由、开放、操作性强的个体学习活动,关注的是对孩子获得自主学习方法、解决问题和探索问题等方面能力的培养。

(四)区域活动与游戏活动

《幼儿园工作规程》中明确指出:"游戏是幼儿园的基本活动。"游戏与学前儿童的身心发展有着密切的关系,它对于幼儿不是可有可无的,而是必需的。游戏符合幼儿的心理发展水平,是幼儿主动和自愿的活动,它能促进幼儿的认知发展,能给幼儿带来积极的情感体验。

区域活动是一种开放性的教育活动,是幼儿根据自己的兴趣与需要,自主选择活动区域和材料来开展的主动的学习活动。而这种活动具有游戏的特点,主动、自愿、重过程轻结果、注重情感体验。因此,区域活动里面充满了游戏成分,将幼儿园区域活动与游戏活动有机整合,让幼儿在区域活动中游戏,通过自主的探索和小组合作学习,将极大促进幼儿的学习与发展。

幼儿园区域活动包含游戏活动,但不限于游戏活动,部分区域活动可以等同于游戏活动,区域活动中提供的材料就如同游戏中提供的玩具一样。所以,幼儿园区域活动中既有游戏活动,也有非游戏的学习性活动。

当前,区域活动游戏化和游戏活动区域化是大势所趋,作为幼儿教师,我们没有必要将两者截然分开,相反,我们更应该将区域活动和游戏活动有机整合,充分发挥二者的最大功能。[1]为此,教师就应在活动区向幼儿投放他们感兴趣的操作材料,并围绕区域活动特点创设环境和游戏情境,激发幼儿参与区域活动的积极性。

---

[1] 郑健成.学前教育学[M].上海:复旦大学出版社,2007.

二、幼儿园区域活动的特征

幼儿园区域活动作为一种自主探索的活动,是幼儿自我学习、自我探索、自我发现、自我完善的活动,有相对宽松的活动气氛,灵活多样的活动形式,能真正满足幼儿的需求。相对于其他形式的教育活动,区域活动具有以下几个特征。

(一)区域活动是差异化教育

国外最早的区域活动思想可以追溯到蒙台梭利教育法,这是一种有别于班级授课制的教育组织方法。蒙台梭利认为儿童发展具有自主性、探究性和独特性,她反对用统一的模子去塑造具有不同个性的孩子。她为了给孩子自由,促进他们的自我教育,建立了以区域活动为重要教育形式的"儿童之家",并采取混龄编班的方式,让孩子通过在区域中操作教师精心设计和准备的各种工作材料,实现自主学习和主动发展。从这个意义上说,区域活动的起源是与混龄编班的班级组织形式连在一起的,是一种尊重每一个儿童的学习进度、学习风格和学习节奏的教学组织形式。

在这种形式中,儿童不再被动地接受灌输,而是通过对活动材料的操作进行主动学习和自主探究,儿童在与材料、教师和同伴的互动中得到综合提升。区域活动打破了传统的集体教学形式,让儿童通过与环境材料的互动获得发展。由此可见,区域活动是以尊重儿童差异化为前提的个别化教育。

(二)区域活动是幼儿自主学习的活动

区域活动是幼儿自主选择游戏,自己选择材料、玩伴和操作方式的活动。在这个活动中,教师强调让幼儿根据自己的意愿参与区域活动,教师不能安排幼儿的游戏,不能干涉幼儿对材料的选择,不能剥夺幼儿参与游戏的权利,也不能强迫幼儿开展区域活动。

在区域活动中,教师给幼儿提供多元化的游戏材料,鼓励幼儿开展多元性的一物多玩,鼓励幼儿不断创新游戏内容和游戏玩法,并在活动中允许幼儿发生冲突,让幼儿自主选择解决冲突的方法。因此,可以看出,区域活动就是幼儿自主学习的一种活动。

同时,区域活动的自主性还体现在通过教师与幼儿共同协商区域活动的规则,鼓励幼儿自主评价、自己监督自己和其他幼儿对游戏规则的遵守。除此之外,幼儿会结合自己的生活经验,将自己在生活中看到的、听到的、经历过的事情运用到区域活动中。幼儿在没有压力的环境下自主学习,更容易体验到成功的乐趣。

(三)区域活动具有教育性

区域活动虽然有其自主性,但也不是幼儿完全自由自在、不受控制的活动;它有其鲜明的教育性,但这种教育性比较隐蔽,主要体现在:第一,幼儿在游戏的过程中对材料的操作;第二,对区域规则的遵守;第三,在师幼互动和同伴互动中获得的积极体验等。例如:角色游戏区(娃娃家、超市等)最重要的教育性在于它有助于幼儿获得社会知识,学习社会性行为,发展交往能力;木工区的教育性主要在于能够促进幼儿的创造性思维和手部动作的发展,培养幼儿手脑并用,等等。

霍力岩等人认为区域活动思想倡导让幼儿在"有准备的环境"中和教师相互作用,并通过这种相互作用实现自主学习,获得自我发展。[1]这种"有准备的环境",既符合幼儿直觉思维的特点,又符合幼儿形象思维的特点。教师根据幼儿实际情况,设计、制作材料并创设环境,让幼儿通过与环境和材料的互动获得自主发展。

(四)区域活动是导师制教育

当前,在某些幼儿园组织的区域活动中,活动形式往往是幼儿随意玩耍,教师则趁机休息,甚至还美其名曰"区域活动是幼儿自主学习的活动,不需要教师的指导和干涉"。其实,相比于集体教育活动,区域活动作为一种差异性教育,更不能忽视了教师的主导作用,这也是区域活动的内涵之一。

现代区域活动思想倡导把教师的角色从"知识传授者、纪律维持者和矛盾调节者"变为"发展支持者",教师在幼儿区域活动的探索中扮演支持者和引导者的角色(即导师)。

在区域活动中,教师为幼儿准备好探索的环境,创设一种师幼关系和同伴关系平等的民主氛围,并在幼儿的积极探索中提供支持性干预,引导幼儿主动学习,体验主动学习的快乐,促进幼儿实现真正的自我发展。

(五)区域活动是操作实践性活动

不管哪种类型的区域活动,都要通过幼儿的具体实践活动才能实现它的教育性,区域活动为幼儿搭建了一个动手操作实践的平台,幼儿在活动中充分动用自己的大脑、眼睛、双手、耳朵等器官进行自主探究和积极体验。区域活动是非常具体的活动,有角色、有动作、有语言、有玩具材料,幼儿在活动中只有身体力行、不断练习,才能获得大量有利于自己成长的经验,发展自身的各种能力。

---

[1] 霍力岩,齐晓恬.区域活动的本质特征[J].幼儿教育,2009(Z1).

(六)区域活动是创造性活动

在开展区域活动时,教师为幼儿创设了开放的环境,设置联动、相通的区角,保证了幼儿在不同区角之间的灵活走动。同时,给幼儿提供的游戏材料多以开放式的低结构材料为主,幼儿能够根据自身的意愿对活动区的材料进行随意摆弄,满足了幼儿以多种方法操作材料的需要。

好奇、求知是幼儿的天性,也是创造性的源泉。在鼓励幼儿大胆尝试和不断探索的过程中,幼儿发现并解决问题的能力得到提高,也促进了其创造能力的发展。

(七)区域活动是幼儿乐于参与的活动

区域活动是结合幼儿的实际需要和个人兴趣,在教师的引导下,由幼儿自主选择材料、自主选择玩伴、自主决定游戏内容,在与材料和同伴的积极互动中获得个性化发展的一种活动。心理学家布鲁纳认为:对学生学习内因的最好激发,乃是激起学生对所学的内容的兴趣,即来自学习活动本身的内在动机,这是推动学生主动学习的直接动力。因此,教师在创设区域活动时,应重点考虑幼儿的年龄特点和趣味性,把趣味性作为顺利开展区域活动的重要前提。

第三节
幼儿园区域活动的意义

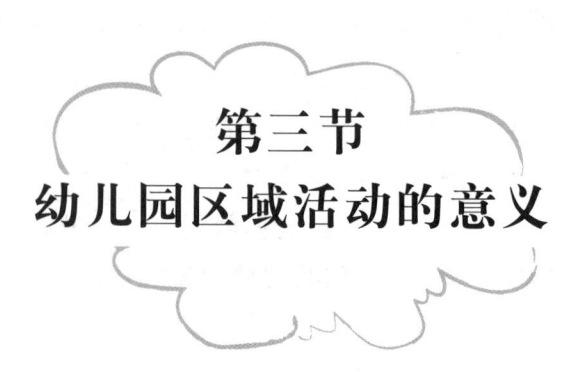

有老师认为,区域活动就是集体教育活动的延伸,是幼儿自主游戏的时间,教师不需要过多地指导和干涉幼儿,这也正给教师提供了一个休息的时间。作为幼儿喜欢的区域活动,到底是"放羊式"的教育,还是有其独特的教育价值和意义呢?

区域活动作为一种自主游戏,是幼儿自我学习、自我探索、自我发现、自我完善的活动,它赋予了幼儿自主选择的权利,给幼儿搭建了学习与游戏的平台,相对宽松的活动气氛和灵活多样的活动形式符合幼儿的天性及特点,能真正满足幼儿的心理需求和发展需要。

从幼儿的角度看,区域活动是一种开放性的、低结构的活动,幼儿根据自己的兴趣、需要、意志来选择内容与材料,决定活动的时间、节奏、顺序以及活动的伙伴、规则等,在摆弄与操作、探索与发现、交流与询问等过程中实现和生成活动;从教师的角度看,它是教师在了解幼儿的兴趣与需要的基础上,将自己的主导作用通过环境创设、材料投放、活动内容与形式的建议、以角色身份加入活动等方式来实现。活动中通过观察幼儿活动过程,了解活动结果,调整活动方案,使区域活动的所有环节更好地定位在幼儿的最近发展区上,进而更有效地推动幼儿的自主学习和经验提升。

一、区域活动对幼儿发展的意义

(一)为同伴交往提供了良好的心理环境

区域活动的设置是自由、开放的,幼儿可以根据自己的喜好选择相应的区域进行活动,丰富的环境为他们提供了探索、求知、交往、合作的机会,使孩子的心理与发展需要得到满足。比如,在表演区,孩子们可以通过商讨和根据自己的意愿选择角色,在扮演角色的过程中表达自己的情感并体验快乐和满足。他们一会儿扮演故事中的角色,一会儿表演自创角色,在没有任何约束和负担的情况下进行同伴间自由交往,与材料和环境积极互动,自我调节需求。在这样一个相对宽松又充满安全感的心理环境中,幼儿可以充分地表现和发挥自我,按照自己的学习特点和学习方式建构属于自己的认知结构,做活动的主人。

(二)促进幼儿自主参与活动、自发学习,提高认知能力

区域活动是幼儿根据自己的兴趣和能力开展的个性化活动,在这个活动中幼儿的主体地位凸显出来。他们可以通过自由选择材料、自主决定操作方式,在摆弄、操作、探索中通过实践来构建自己的经验与感受。

同时,幼儿年龄小,记忆能力差,新学习的知识经验若没有得到及时强化和巩固,很容易遗忘。而在区域活动中,幼儿可以通过对材料的反复操作来帮助自己巩固和完善已经获得的经验。另外,在区域活动中幼儿还可以借助丰富多彩的操作材料生成和获得新经验,建构新的认知结构,培养独立、自制、讲规则、守秩序等良好学习品质,从而促进幼儿认知能力的发展。

比如,在木工区,幼儿通过观察与实践,认识了各种工具及其安全操作方法,学会了一些简单的木工技巧(刷、钉、锯、涂),为保证木工区活动的顺利开展奠定了基础;在建构区,通过观察材料,小班幼儿能用平铺、延长、围合、堆高、加宽、盖顶等基本技能建构造型简单的物体形象,中班幼儿能综合运用排列、组合、接插、镶嵌、编织、黏合、旋转等技能,建构较复杂、精细、匀称的物体形象。

(三)增进同伴、师幼交流,培养幼儿交往能力

在集体教育活动中,幼儿间多为平行的学习者,沟通交流较少。而区域活动鼓励幼儿通过小范围内的合作来实现目标,更有利于幼儿形成分工合作的意识、掌握分享交流的方式,从而促进良好同伴关系的建立。同时,区域活动的开展还离不开教师的组织与指导,教师在区域活动中起着主导作用。比如,在科探区,幼儿要获取物体沉与浮的知识,离不开同伴的参与和配合,同时,教师在幼儿操作出现问题时(比如,海绵在什么情况下会沉或浮),还需要帮助与指导幼儿。因此,区域活动能增进同伴之间、师幼之间的情感交流。

区域活动是幼儿对现实生活一种积极主动的再现,能帮助幼儿按自己的愿望和想象自由地开展游戏,从而发展其交往能力。比如娃娃家角,参加游戏的幼

儿都要担任一个角色,只有通过语言交流才能完成角色与角色之间的交往。因此,幼儿是借助言语的交流来丰富和完善区域活动的,进而实现对社会生活中人们行为准则的模仿和再现。同时,区域活动给幼儿提供了一个学习本民族语言的机会,把幼儿语言发展与认知探索活动结合了起来,有效地促进了幼儿的语言态度、能力、习惯及交往能力的发展。

(四)有利于幼儿探索能力和动手操作能力的培养

著名教育家苏霍姆林斯基说过,儿童的智慧在他的手指尖上。好奇、好动是幼儿的天性,皮亚杰的认知发展理论认为,学前儿童处于感知运动阶段和前运算阶段,他们的思维特点是直观形象性,只有在不断地与周围材料的操作和互动中,才能建构自己的认知结构,区域活动恰恰给幼儿提供了自由操作材料和探索的机会。

区域活动中的每种材料都有隐含的操作目标,并为幼儿提供了充分的动手操作的机会和条件。在活动中,幼儿通过不断地主动探索与操作材料,获得关键经验,习得新技能,巩固已有经验与技能。比如,在美工区,幼儿通过对材料的观察与分析,根据材料与作品主题特点,会采用画、撕、剪、贴、折等不同的技法来完成作品,孩子的双手和头脑始终处于积极的状态,促进了其动手操作能力的发展。

(五)促进幼儿社会性的良好发展

幼儿的发展是一个不断社会化的过程。现在的家庭大多是独生子女,"以自我为中心"的特点使得这些孩子缺乏与人友好交往的意识和方法,遇到问题不懂得协商与合作。而区域活动的特殊性恰恰弥补了独生子女教育的不足。比如,在超市游戏中,有三个孩子都想当收银员,可是收银员只能有两个,怎么办呢?孩子们只好自己商量,或者改变角色,或者采用轮流的方法解决矛盾。在这个过程中,孩子学会了等待,学会了合作,学会了遵守规则,学会了相互协调,学会了解决纠纷与冲突,体验了创造与成功的喜悦,获得了分享的经验。

同时,幼儿在区域活动中扮演着社会生活中的各种角色,他们通过不同角色的扮演,认识这些角色的工作性质和职业特点,学习不同角色的交往方式,表现并体会不同的情感。比如,扮演家长时悉心呵护娃娃;扮演医生时细心照顾病人;扮演服务员时耐心热情地接待顾客;扮演司机时礼貌接待乘客等。这些区域活动中的角色扮演无形中使孩子增强了自我意识和群体意识,对于幼儿接触社会和认识社会,具有良好的指导价值。

二、区域活动对幼儿园教育改革的意义

(一)有利于弥补集体教育活动的不足

2012年9月颁布的《3—6岁儿童学习与发展指南》中指出:"要充分理解和尊重幼儿发展进程中的个别差异,支持和引导他们从原有水平向更高水平发展,按照自身的速度和方式到达《指南》所呈现的发展'阶梯',切忌用一把'尺子'衡量所有幼儿。"《指南》的颁布指出了当前我国学前教育课程改革的新趋势:由最初的分科教学到领域活动,再到主题活动,最后到区域活动。可以看出,人们从只关注儿童的身体健康、智力开发到开始更多关注幼儿的非智力因素培养,注重儿童的身心和谐和个性化发展。

幼教工作者的工作重心也从只关注集体教育活动转移到更多关注幼儿游戏活动、区域活动的开展。集体教育活动面向全体幼儿,更多关注的是一般发展水平的幼儿和班级的整体水平,难以关注有更多特殊需要的幼儿。区域活动的开展,在很大程度上体现了以幼儿为本、以游戏为基本活动方式的教育理念。它和集体教育活动相比,是一种针对幼儿个体的差异化教育活动,给幼儿提供了可供选择的机会和材料,更多关注每一个幼儿的发展,更关注幼儿的活动过程,尊重每一个幼儿的个体差异。区域活动有相对宽松的活动氛围,有灵活多样的活动形式,幼儿可以自主决定活动内容和形式,从而满足每个幼儿的特殊需要,帮助幼儿建构真正适合自己的认知结构。

(二)有利于促进幼儿教师的专业成长

蒙台梭利在她的《童年的秘密》一书中指出:教师肩负着两个根本任务,一个是发现真正的儿童,一个是为教育儿童做好精神准备。[①]虽说区域活动是以幼儿自主地操作材料为主,但教师的组织与干预十分重要。幼儿开展区域活动的时间不等于教师的休息时间,教师不能采取完全放任的方式组织区域活动。

区域活动可以满足个体的不同需要,区域活动中不同的材料、教师不同的指导方式等,使孩子之间存在的诸如发展速度、认知特点等方面的差异,都能得到不同程度的尊重。为此,教师要不断地学习与反思,要在区域活动中成为幼儿的"导师"。在这个过程中,教师的指导是一个隐性的和灵活机动的指导方式。这种指导方式对教师提出了更高的要求,对教师的观察能力、判断能力、应变能力、灵活处理能力及自我反思能力等都提出了新的挑战。

---
① 全晓燕.幼儿园区域活动设计与指导[M].上海:华东师范大学出版社,2016.

由于区域活动是一种个别化的教育活动形式,教师所面对的是每一个幼儿。这就需教师要认真观察、分析与解读每一个幼儿的最近发展区,根据幼儿的发展特点,为其创设适宜的区域活动环境与氛围,并成为幼儿参与区域活动的支持者、引导者和合作者。这一过程,实质上也是教师专业化学习与成长的过程。只有不断提升自己的专业素养和专业能力,才能从幼儿学习的教导者变为幼儿学习的引导者,充分发掘幼儿学习的潜能。因此,区域活动为教师提供了一个在有限的时空环境中、在积极的师幼互动中,通过积极反思促进自主思考并提升专业素养的途径。

时代的发展需要培养新世纪的人才,良好的个性发展是孩子成才的基础。教育实践告诉我们,区域活动是培养孩子良好个性的有效途径,它对孩子起着积极的促进作用,作为教师,要充分挖掘区域活动的教育价值与途径,让区域活动真正成为孩子成长的摇篮。

总之,区域活动是幼儿园教育活动组织的主要方式之一,它在促进幼儿主体意识和教师专业成长方面具有极其重要的意义和价值。

【拓展阅读】

马拉古奇在《儿童有一百种语言》中说:孩子有一百种语言,一百只手,一百个想法,一百种思考、游戏、说话的方式……一百种世界,等着孩子们去发掘。一百种世界,等着孩子们去创造。一百种世界,等着孩子们去梦想……是的,儿童真的有一百种语言,因为每个儿童都是独一无二的,每个儿童都是富有个性的。幼儿可以在一百位教师构建的一百种幼儿园区域活动课程中,选择一百种游戏材料,在一百种发展水平上,和一百种同伴,用一百种方式去思考、去探索、去发现,形成一百种规则,实现一百种自由,培养一百种个性。幼儿在区域活动中可以率性而为、随性发展。在区域活动的教育理念下,培养"马拉古奇式"的幼儿,将成为一种现实!

---

① 黄珍.文化学比较视角下的幼儿园区域活动研究[D].广西师范大学硕士学位论文,2014.

【小结】

幼儿园区域活动是根据幼儿的兴趣与需要,遵循幼儿园教育目标,考虑各种教育活动的性质与特点等因素,将活动场地(包括活动室、走廊、楼梯间等)划分为一些合理的区域,在其中投放适宜的材料,以促进幼儿在自由选择的区域中与环境、材料及同伴积极互动,并获得学习与发展的个性化成长的一种教育活动组织形式,也是对幼儿进行个性化教育的有效手段。它是幼儿自主学习并乐于参与的活动,具有教育性、创造性、操作实践性等特点,是促进每一个幼儿身心健康、富有个性发展的有效途径,也是幼儿园教育改革的主阵地。

思考与练习

1. 幼儿园区域活动有哪些主要特征?
2. 幼儿园区域活动对幼儿的发展具有哪些价值?

第 2 章
区域环境的准备与创设

  教师首先需要考虑的是幼儿,因为幼儿才是活动主体,只有了解幼儿现有发展水平,了解幼儿个性特点等,活动才能最大限度地促进幼儿发展。在考虑幼儿发展现状的基础上,为实现主题目标,促进主题活动达到最大教育效果,可以在区域活动中进行相关知识经验的积累,将区域活动作为主题活动的前奏,为主题活动的开展做好铺垫,而区域活动顺利开展的前提是创设有效的区域环境。学习幼儿园区域环境的空间功能规划、原则、价值和创设方法是本章的主要内容。

【学习目标】

1.知识目标：了解幼儿园区域环境创设的含义，理解并掌握幼儿园区域环境的空间功能规划、原则和创设方法。

2.技能目标：能遵循区域环境创设原则对幼儿园区域环境进行合理规划。

3.情感态度目标：激发学生对区域环境创设的兴趣。

【学习重点】

掌握幼儿园区域环境创设的方法，能遵循区域环境创设原则对幼儿园区域环境进行合理的规划。

【知识结构图】

```
                                      ┌─ 区域环境创设的内涵
                         ┌─ 区域环境创设 ─┼─ 区域环境空间功能规划
                         │            └─ 区域环境创设的原则
                         │
区域环境的准备与创设 ─────┼─ 区域环境创设的价值 ┬─ 区域环境创设的目的
                         │                    └─ 区域环境创设的意义
                         │
                         └─ 区域环境创设的方法 ┬─ 区域环境创设现状
                                              └─ 区域环境创设的方法
```

第一节
区域环境创设

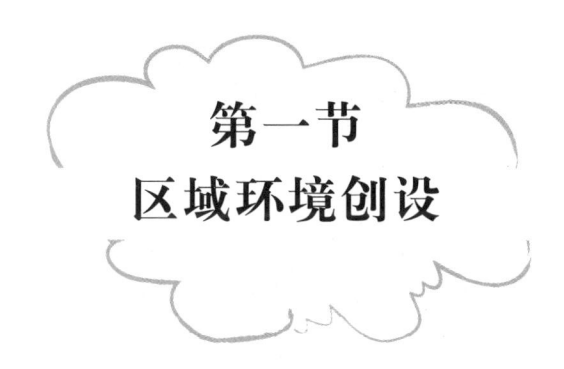

《幼儿园教育指导纲要(试行)》明确提出,幼儿园应为幼儿提供健康、丰富的生活和活动环境,满足他们多方面发展的需要。当前,区域活动已成为我国幼儿园一大特色。因而,为幼儿创造良好的游戏活动条件,满足幼儿开展各种不同游戏活动的需要,支持幼儿在游戏活动中的主动学习,是幼儿园教师的基本教育技能。

一、区域环境创设的内涵

区域环境创设以促进幼儿主动发展为目标,在幼儿、教师、家长等共同参与下,对幼儿的活动环境进行改造、影响、美化和积极利用,使之更加适合幼儿成长,包括对游戏环境的基本条件、空间规划以及区域内材料的提供等方面从宏观到微观进行长远思考,它将指导教师围绕长期、中期、近期发展目标开展游戏。

二、区域环境空间功能规划

幼儿园区域环境是幼儿游戏的主要场所。为幼儿创设适宜的游戏环境的主要任务是对活动室内外进行合理的功能规划,为幼儿创设丰富多样的游戏环境。对活动室内外的空间功能进行规划,形成活动室不同的空间结构,不同的功能规划和空间结构反映了不同的教育理念。

(一)室内区域环境规划

1.区域数量

在现阶段的幼儿园户内环境设计中,区域类型多种多样,归结起来,大致有以下两种类型:

(1)基本区域。

基本区域是活动室基本都具有的,这些区域的设计几乎不受年龄的影响,在各个年龄班都可以设计,只是不同阶段投放的材料和开展的活动要符合幼儿的身心发展特点。如:建构区、美工区、表演区、角色游戏区、阅读区、益智区、沙水区、运动区等。

图2-1 建构区

图2-2 美工区

图2-3 表演区

图2-4 阅读区

图2-5 益智区

图2-6 沙水区

（2）特色区域。

特色区域是幼儿园区别于其他幼儿园、比较独特的区域,这种特色可以是地域特色,也可以是园本、班本特色。有些区域用的是常规区域的名称,比如建构区,虽然是常规区域名称,但是在区域材料投放上可以选用具有地方特色的建构材料或者只有自己幼儿园开发挖掘的建构材料,开展富有特色的建构活动。

区域数量的多少主要依据活动空间和幼儿人数而定。如果区域数量过少则会造成活动拥挤的现象,如:娃娃家人数过多,则容易因角色分配不均而争吵;区域数量过多则会出现区域的人数太少,幼儿之间缺乏交往合作,或造成区域活动空间太小,使得各区域间易互相干扰。因此,一般设置5~7个区域为宜。

选定了活动区主题内容以后,我们还需要精心为每个活动区的命名。一个好听的活动区名字应能激发幼儿的兴趣,满足幼儿的需要,同时要有一定的教育意义,这就需要教师更多的思考。也可以和孩子们一起讨论活动区的设置与命名,征求他们的意见,共同选择,从而创设"儿童化"的活动区。

2.区域的划分

（1）课桌椅"秧田式排列"的空间结构。

课桌椅"秧田式排列"的空间结构是课堂教学最普遍的方式,按照集体教学活动（上课）的需要,通常把学生排列成一行行、一列列,使讲台成为教室的中心,把整个活动室布置成传统的课堂。这样的设计反映出的教育理念和实践侧重于将"上课"作为幼儿园的主要活动,注重教师的主体地位。

图2-7 秧田式排列

（2）活动区-课堂"分割式"的空间结构

活动区-课堂"分割式"的空间结构有两种形式:一种是活动区-课堂对半式的空间结构,另一种是课堂中心-活动区边缘式的空间结构。

活动区-课堂对半式的空间结构是将活动室一半安排成课桌椅"秧田式排

列"的空间结构,另一半安排成各种活动区的空间结构。

图2-8 边缘式排列

课堂中心-活动区边缘式的空间结构是将课桌椅安排在活动区的中心区域,活动区安排在活动室的四周。幼儿的集中教学活动课(上课)、用餐等活动在活动室中心区域进行,游戏活动则在活动区进行。

图2-9 分割式排列

活动区-课堂"分割式"的空间结构规划,既满足了幼儿的集中教学活动课(上课),又满足了幼儿的游戏需求。但是,这种空间结构反映了注重集中教学活动课(上课)的教育理念,集中教学活动课(上课)和游戏呈现出来的是一种"分离"的状态,教师在集中教学活动课(上课)过程中很少利用活动区。在活动室,活动区平时不对幼儿开放,幼儿只能在规定的时间进入活动。比如每天集中活动课结束以后幼儿可进入活动区活动,到了吃饭时间幼儿结束活动区的活动。同时活动区-课堂"分割式"的空间结构不能充分利用有限的活动室空间,一方面活动区在很多时间处于闲置状态,另一方面集中教学活动课(上课)的区域空间太小,限制了幼儿的活动空间。

（3）以活动区为主的空间结构。

以活动区为主的空间结构是把整个活动室划分为不同的活动区域，比如建构区、阅读区、美工区、角色区、益智区等。幼儿平时所用的桌椅可根据不同的活动进入不同的区域，幼儿的用餐也在不同的区域进行。如果幼儿在活动室午睡，可使用可折叠的或可单独移动的床，使用时放下，不需要的时候就收起来。

以活动区为主的空间结构为幼儿的活动区提供了充足的活动空间，同时也反映了以幼儿为主体的教育理念，而不是以教师为主体的传统教育理念。注重幼儿通过与材料、环境、同伴和成人的互动来学习，促进幼儿创造性和个性的发展。

图2-10　活动区空间

3.室内活动区的布局与布置

（1）活动区规划要合理布局。

活动区的分布要考虑活动区之间的相互关系和相互干扰。从幼儿活动所需的面积来看，活动区可以划分为大的活动区（角色区、积木区、沙水区等）和小的活动区（益智区、美工区、阅读区等），安排各区域空间大小时要区别对待。从活动的性质来看，活动区可以划分为安静的活动区（美工区、阅读区、益智区等）和吵闹的活动区（积塑玩具区、积木区、角色区等），在安排活动区的位置时既要把安静的活动区和吵闹的活动区分开，活动量大、音响效果强的区域与安静、专注的区域相对分离，如表演、运动区与科学区、阅读区相对隔离，以免互相干扰，又要兼顾区域间的互动。从兼顾互动角度来看，即把便于结合起来的活动区相邻组合，教师尽量把性质相类似的活动区放在相邻的位置，如把以安静的阅读活动为主的图书区和以动脑为主的数学区放在一起，把操作活动为主的积木区和娃娃家放在一起等。同时还要考虑，需要用水的活动区应当靠近盥洗间或取水处，自然区和图书区等需要明亮光线的区域应靠近窗户。

(2)活动区之间要界限明确。

在每个区域之间,教师通过地面不同的颜色、图案或质地来划分不同的区域。如在娃娃家的地面刷上温暖的红色,在积木区的地面铺上地毯等,让孩子看了一目了然,很快就会记住不同的区域。

图2-11 活动区示例(1)　　图2-12 活动区示例(2)

(3)活动区布置要半封闭式。

活动区布置一般采用半封闭式,家具隔断在活动区布置中起着重要的作用,可以利用架子、柜子或屏风作为隔断,使每个区域成为半封闭的活动空间。摆放家具时,某些家具可以靠墙放置,而另外一些可以与墙壁垂直排列,还有一些家具则可以与墙壁平行排列。同时这些家具的摆放应方便移动,以便根据需要适时进行调整。活动区的家具高度应与幼儿的身高相宜,活动区的标志应清晰并易于幼儿识别,教师可以准备有相关活动区的文字、图片或装饰物,以帮助幼儿认识和区别各个区域。各区域中还可以张贴部分材料的使用指南,让幼儿通过简单的图示步骤学习、探索使用方法。

图2-13 半封闭式(1)　　图2-14 半封闭式(2)

(二)室外区域环境规划

为幼儿创设安全适宜的室外环境,是幼儿室外游戏活动开展的前提。

1.室外活动区数量

根据幼儿体育活动的动作技能要求和活动材料的性质,我们可将户外场地分为5个区域:投掷区、钻爬平衡区、小车区、球类区、一物多玩区。在投掷区,幼儿可以利用飞盘、飞镖等游戏材料练习掷远和掷准;在钻爬平衡区,幼儿可以练习不同的钻爬动作,幼儿可以通过独木桥、跷跷板、梅花桩等进行平衡练习;在小车区,幼儿可以利用滑板车、小自行车等进行接力比赛,提高动作协调性;在球类区,幼儿可以练习滚球、拍球等多种技能;在一物多玩区,幼儿可以自主选择、组合多种材料,创造新的玩法。

2.室外活动区的布局与布置

在设置区域活动内容及场地时,教师需注意以下问题:

(1)区域空间的设置需根据活动场地大小灵活安排,若户外场地不大,可考虑将活动性质相近的区域合并。在规划活动场地时,我们既要考虑各区域活动的性质和要求,又要充分考虑安全因素。我们将投掷区设置在场地边缘,并留出较大的区域空间,以此控制投掷方向,保持安全距离。钻爬区和平衡区对运动空间的要求都不高,且两种活动有较大的关联,因此可将这两个区域设于相邻的位置。

(2)应考虑各区域活动内容和性质的合理搭配:既要有运动量较大的活动区,也要有运动量较小的活动区;既要有练习基本动作技能的活动区,也要有发展综合运动素质的活动区。小车区与球类区运动量大,且都需要较大的运动空间,宜分隔一段距离,以避免相互干扰。一物多玩区需有较大的弹性化空间,以满足幼儿各种自创游戏的需要。合理的区域设置是保障各区域活动有序进行的前提。

(3)各区域应具有明显的标志和确定的活动范围,便于幼儿选择区域。

三、区域环境创设的原则

(一)安全性原则

《纲要》中指出:幼儿园必须把保护幼儿的生命放在工作的首位。教师有责任保护幼儿的安全,区域活动中材料投放、环境设置等方面,我们都要检查是否有不安全因素,要多维角度去思考,防患于未然,在不限制幼儿活动的前提下规避危险,鼓励幼儿在安全的状态下充分交互探索。因此,安全是创设室外游戏活动环境时需要考虑的第一原则和要素。

幼儿园环境创设应充分考虑到幼儿的安全问题，尤其是在幼儿园装修设计时，应考虑到地面用什么样的材质更安全，什么样的颜色更适合孩子。幼儿主要在地面上开展活动，因而地面的科学合理性及艺术性就显得尤为重要，室外游戏活动环境的地面应当用安全耐用、无毒、经济、便于保养和维护的材料。在器械、设备和材料安全等方面要特别注意，安装时要保障牢固、无松动、无破裂，场地应平整、无杂物堆放，因老化而翘起的塑料垫应当及时更换。大型玩具、运动器械应放在草地、塑胶地上，如果放置在水泥地上，器械下面及周围须设置安全垫。

(二)区域环境与教育目标一致的原则

幼儿园区域环境是幼儿园课程的一部分，在开展区域活动时，幼儿可以根据自己的兴趣获得充分的活动机会，并体验成功的喜悦，发展社会性和健康的人格。因此，在创设幼儿园区域环境时，要考虑它的教育性，而不只是追求美观，应使环境创设的目标与幼儿园教育目标相一致，要注重区域环境为教育目标服务的原则。

区域环境的规划要促进幼儿的全面发展。我国幼儿园教育的目标是：对幼儿实施体、智、德、美等方面全面发展的教育，促进其身心和谐发展。因此，在规划区域环境时对幼儿体、智、德、美四育就不能重此轻彼。幼儿园教育的内容是广泛的、启蒙性的，可按照幼儿学习活动的范畴相对划分为健康、社会、科学、语言、艺术等五个方面，各方面的内容都应发展幼儿的知识、技能、能力、情感态度等。若教师仅仅注重幼儿的认知活动，只设置读写算等区域，而缺少幼儿健康、社会、审美教育等环境；在创设幼儿社会性的环境时，只提供幼儿社会认知的环境，而对幼儿社会情感、社会行为发展的环境考虑得很少，这都不利于幼儿的全面发展。

图2-15　区域环境示例(1)

图2-16　区域环境示例(2)

【案例分析】

中班角色游戏"好吃点"

游戏开始啦!孩子们穿梭在游戏区域中,来来往往,好不热闹。今天,"好吃点"的生意特别好,因为"好吃点"的厨师们"研发"了新产品!客人们络绎不绝地来到店内,一个厨师负责烧烤,另外四个厨师忙着给客人做小点心。姗姗来到店内,说:"请给我一串糖葫芦。""好的。"樱姿说道。接着,姗姗坐在了餐桌旁等候。"糖葫芦好了。"樱姿对着姗姗喊道。姗姗站起来,接过糖葫芦,把钱给了樱姿后就坐在餐桌上享用美味了。这时候第二个客人来了,樱姿随手把钱扔在桌子上就去招呼客人了。再看看餐桌那边,姗姗吃完了糖葫芦,满意地离开了,留下了一桌的木棒与橡皮泥。时间慢慢过去,厨房桌子上散落的钱越来越多,餐桌上、地上的剩菜也越来越多了!

案例分析:出现上述情况,主要原因不是孩子们不懂得整理东西,而是孩子们不懂得分配角色,从而进行分工合作。"好吃点"中共有六个幼儿可以进行游戏。大部分孩子只了解自己是"好吃点"的工作人员,殊不知同一个游戏区内的工作人员也分多种多样的职务。所以,幼儿出现了一群厨师而无人负责整理的混乱场面。作为幼儿老师,在游戏人员的分配问题中要帮助幼儿了解在同一个游戏中若能够做到分工明确,往往能够达到意想不到的效果。影响幼儿游戏的另一个原因在于:教师提供的半成品较多,成品较少。中班的角色游戏中半成品的提供是必要的。但是孩子们在一定的时间内制作的东西毕竟是有限的,在大部分的时间里供应量无法满足顾客的需求量,致使厨师们疏于整理。所以游戏成品的提供也是不容忽视的一个内容。

(三)适宜性原则

幼儿正处在身体、智力迅速发展以及个性形成的重要时期,不同年龄阶段的儿童,身心发展和需要有不同的特征,不同个体,在同一年龄阶段,他们的兴趣、能力、学习方式都是不同的。因此,幼儿园环境创设应与幼儿身心发展的特点和发展的需要相适应。如:小班幼儿喜欢玩平行游戏(即幼儿各玩各的,彼此玩的游戏相同),提供的玩具就应该同品种的数量多一点。中大班象征性游戏水平较高,提供的玩具材料可以是一物多用的。有的幼儿小肌肉动作发展较差,可提供一些穿珠、拼插、剪贴等方面的材料,让幼儿进行练习。有的幼儿大肌肉动作发展较差,就可提供脚踏车、攀登架等,让幼儿进行练习。

(四)儿童参与性原则

环境创设的过程是幼儿与教师共同参与合作的过程。教师作为教育者要有让幼儿主动参与环境创设的积极性,让幼儿认识到幼儿园环境的教育性不仅蕴含在环境之中,而且蕴含于环境创设的整个过程中。在现实的幼儿园环境创设过程中,更多的是教师包办代替,很少有幼儿参与,即使有幼儿参与,也仅限于将幼儿的作品拿来作为环境的点缀。教师应将幼儿参与环境创设融入课程,以便对幼儿有针对性地进行教育。比如以"生长树"为主题完成环境创设时,教师可以让幼儿参与创设过程,这样既提高了幼儿的活动积极性,又无形中培养了幼儿的规则意识。

图2-17 拜访大树

(五)独特性原则

在不同地区的幼儿园或同一地区的不同幼儿园,环境创设要求都有所差异,应结合本地、本园的特点,创设出有自己特色的幼儿园环境,而不能生搬硬套模仿其他幼儿园的做法。

(六)动态性原则

动态性原则是指进行幼儿园物质环境创设时,要从空间、内容、材料、规则等方面关注环境的不断变化和生成。

在可变空间上,在设置活动区时可以运用可移动的矮柜、隔板等材料,以增加活动区的可变性,改变空间的配置,进而也可以解决幼儿活动过程中的生成问题。

在可变内容上,幼儿学习的主题、时间、地点应当富有弹性与变化,这样才能激发幼儿的学习兴趣,并提高幼儿的学习效果。

在可变材料上,区域材料的投放要根据幼儿的兴趣,当幼儿对区域材料不感兴趣时,应及时更换材料,改变或布设新的活动区,激发幼儿的探索兴趣。

在可变规则上,在创设活动区时必然考虑相应的规则,而新的游戏规则也会对材料的投放与使用提出新的要求。

(七)经济性原则

经济性原则是指创设幼儿园环境应考虑幼儿园自身经济条件,勤俭办园,因地制宜办园。

近几年来,我国经济发展速度较快,但由于人口多,底子薄,经济水平仍相对较落后,所有的幼儿园都应当发扬艰苦奋斗的精神,勤俭办教育,给幼儿提供物质条件时,应以物质条件对幼儿发展的功能大小和经济实用性为依据,如:图书架主要是放置图书,供幼儿阅读的,可取几根木条,做成可以放书的许多小格,钉在墙上,幼儿易拿易放,又不占地方,墙边再放几把小椅子,幼儿看书也方便。这样做,节钱省料实用。此外,根据本园需要,就地取材,一物多用,也能够少花钱,多办事,办好事。有的山区盛产竹子,利用它可以做一些积竹、高跷,供幼儿玩游戏。一些农村地区幼儿园用三合土铺的活动场地,就比水泥地省钱又安全。

【拓展阅读】

玩教具配备的原则

一、区域游戏材料配备的原则

《北京市幼儿园活动区玩具配备手册》对玩具配备的原则提出了明确的要求与建议:

(一)安全卫生原则

1.购置玩具的渠道要正规,要有3C质量认证的标记,无毒无害、大小适宜、结实耐用。要注意以下方面:

(1)钢木玩具:表面是否粗糙,边缘是否锐利,孔缝是否夹手指。

(2)电动玩具:严格检查开关系统是否绝缘安全。

(3)戏水玩具:严格检查接缝是否紧密,采用的塑胶原料厚度是否合适。

（4）弹射玩具：着重检查弓、箭、枪等弹射物体是否附有保护性装置。

（5）音乐玩具：检查其音响是否音阶准确，悦耳动听，尖锐刺耳的声音会损坏幼儿的听觉。

2.废旧物、自然物的搜集再利用要注意安全、卫生。

（1）使用无毒无害的废旧材料及自然材料。

（2）收集的废旧材料要及时清洗消毒。

（3）自然物材料注意晾晒和消毒灯消毒。

（4）废旧材料要定期更替、更新，避免长时间使用。

（二）坚固耐用原则

1.正规厂家选购，符合质量认证。

2.先期样品试用，进货验货把关。

3.结合玩具补充相关材料，制订保护措施，延长使用寿命。（例如：装放操作步骤图、塑封操作卡片、提供分类收纳盒等）

（三）标准化原则

玩具材料的标准化对幼儿正确认识事物，建立正确的概念有着重要的作用。玩具材料的标准化具体要求以下几点：（1）形状标准；（2）色彩标准；（3）比例标准；（4）操作结果精准。

（四）一致性原则

1.依据每套玩具的数量及班级实际需要足量配置。

2.分发材料时整套分发，保证材料的完整。

3.补充购置时要注意尽量从同一厂家购置，保证添置后玩具接口、比例、颜色与前一批次一致、通用。

（五）突出年龄特点原则

严格按年龄特点进行配备。

（六）尊重个体差异原则

1.尊重性别差异。

2.满足个性、特殊儿童的需要。

【真题练习】

1.论述题

什么是幼儿园环境？为什么幼儿园教育中要强调创设良好的幼儿园环境？请联系实际说明。

（试题来源：2017年下半年幼儿园教师资格考试《保育知识与能力》真题）

【答案解析】

幼儿园环境包含以下几个方面：

（1）幼儿园环境是指幼儿园内幼儿身心发展所必须具备的一切物质和精神条件的总和，包括物质环境和精神环境两部分；

（2）幼儿园的物质环境是指幼儿园内对幼儿发展有影响作用的各种物质要素的总和，包括园舍建筑、园内装饰、场所布置、设备条件、物理空间的设计与利用及各种材料的选择与搭配等是；

（3）幼儿园的精神环境指幼儿园内对幼儿发展产生影响的一切精神因素的总和。它主要包括教师的教育观念与行为、幼儿园人际关系、幼儿园文化氛围等；

（4）在具备了基本的物质条件后，对幼儿园教育起决定作用的是精神环境。

第二节 区域环境创设的价值

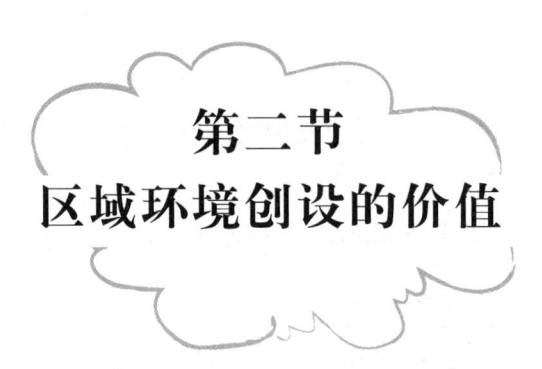

区域环境是教师根据幼儿园教育目标、幼儿的游戏需要与兴趣创设的学习环境。在幼儿园的教育活动中,环境作为一种"隐性课程",在开发幼儿智力,促进幼儿个性方面,越来越受到人们的重视。《纲要》也明确提出:"环境是重要的教育资源,应通过环境的创设和利用,有效地促进幼儿的发展。"可见,幼儿园环境对日常教育活动起着重要的作用。

一、区域环境创设的目的

随着社会的进步和教育观念的提升,幼儿园区域活动环境的有效创设也逐渐成为教育界广泛关注的焦点。在注重幼儿自主活动的同时,合理应用各种教育理论,引导幼儿与周围事物进行积极的接触和交流,促进幼儿与环境、幼儿与幼儿之间的沟通,在有限的区域环境中,为幼儿创设出内涵丰富、形式多样的发展内容,以更好地促进幼儿的成长和生活,是幼儿园区域环境创设的目的。

幼儿园区域环境创设是开展幼儿园游戏的重要环节,需要根据幼儿发展的共性和个性特点,对整个幼儿园的环境进行精心规划,给幼儿创设"有准备的环境"以满足幼儿的需要,激发和支持幼儿的主动学习,建立多元的、自由探索的、弹性可变的和开放互动的游戏区域。

活动区绝不是简单的环境装饰,或是教师用于过渡环节及打发课余时间的一种手段,而是一种教育形式,是幼儿教育课程的一个重要组成部分,是实施个别教育、促进幼儿个性和谐发展的有效途径。

二、区域环境创设的意义

(一)对幼儿发展的意义

1. 满足幼儿的学习兴趣和需要

区域环境创设与幼儿活动质量息息相关,良好的区域环境创设能够让幼儿尽情地探索属于他们的世界。活动区给幼儿提供的是一个没有压力的学习环境,每一个活动区域必须是丰富多彩且具有科学性的。面对丰富的区域活动内容,幼儿可以按照自己的兴趣和需要,自由进行选择,同时,在区域活动中,幼儿有充分、自由的时间和空间去操作各种材料。因此,在创设区域活动环境的过程中应该充分考虑活动主题,做到有的放矢,结合幼儿的兴趣和需要对区域环境进行创造。

2. 为幼儿提供合适的区域材料

区域活动环境中的材料必须具备探究性和引导性,可以激发幼儿动手和动脑的积极性,可以让幼儿的思维能力得到持续提升。区域环境中的材料必须符合动态性和整体性的要求,能吸引幼儿的注意力。为幼儿创设游戏环境,其实是在为幼儿创设有"社会文化内容"的学习环境。通过创设丰富多彩的游戏环境来支持和引导幼儿的游戏和学习活动,是符合幼儿的身心发展特点的教学方式。

【案例分析】

瑶瑶和佳佳正在玩"小医生"的游戏。瑶瑶穿着白大褂,脖子上挂着听诊器,手里拿着装有针筒、温度计的医药箱。这时,只见佳佳抱着一个玩偶娃娃来到"小医院",抱着娃娃的佳佳对瑶瑶说:"她肚子疼。"瑶瑶看了看佳佳,用手指着娃娃的肚子问:"是这里吗?"佳佳点了点头,只见瑶瑶随手从医药箱里拿过针筒对着娃娃的肚子就打了下去。这时佳佳说:"不是打这里的,要打手上。"

行为分析:幼儿游戏是对现实社会生活的反映,他们自己并不知道筛选,对于游戏中一些不明白的事情,或幼儿模仿了一些不良现象,老师应该引导幼儿加以讨论、澄清,帮助他们形成正确的价值观。当发现游戏情节总是处于停滞状态或者出现困惑时,教师以角色身份参与到幼儿的游戏中去,如先前在讲评中问道:"我打针怕疼的,我可以打哪里呢?"等语言,不仅会使游戏的情景得以丰富,而且还会使幼儿感到亲切和平等,但在运用时要注意把握幼儿已有的经验,切忌超出幼儿经验的范围,露出"导演"的痕迹。同时,老师可以用鼓励式的表扬促进幼儿良好的行为习惯及规则意识的形成,而对于幼儿在游戏中的某些不良行为习惯及违规行为,老师不一定直接指出来,而是用一种激励式的正面语言,把希望幼儿出现的行为提出来,让他们知道该怎么做。

3. 激发幼儿学习的主动性

兴趣、自由选择与自主决定是幼儿主动学习的基本条件。区域活动为幼儿提供了各种选择机会,幼儿可以主动选择自己感兴趣的区域开展活动,自主选择操作材料,决定操作次数和操作时间,也可以自主地更换活动区域。在自主选择的区域内活动,幼儿必然主动地使用各种物品进行各种操作。同时,区域活动促使幼儿主动地进行思索和表达,在独立自主的活动中、在对材料的操作过程中,如果要使活动、操作顺利进行,幼儿就必须主动进行感知和思考,从而引导幼儿主动发现问题、提出问题、思索问题以及试图解决问题。

4. 促进幼儿社会性的发展

社会性是作为社会成员的个体为适应社会生活所表现出来的心理和行为特征,是人们为了适应社会生活所形成的行为方式。为了幼儿能够更好地适应社会,区域活动为幼儿提供了游戏和社交的场所,提供了与同伴和成人自由交往的机会和条件,促进了幼儿交往与合作能力的发展。在积极的区域活动交往中,幼儿的交往范围扩大,交往技能提升,交往需要和信心加强,交往能力最终得到了提高。同时,区域活动能促进幼儿纪律性和责任感的发展,区域活动是一种有规则的学习活动,它要求幼儿进入区域活动时遵守一定的纪律,幼儿经常参加区域活动必然有利于幼儿责任感的提升。

在幼儿园区域活动中,角色游戏是最为常见的区域活动。幼儿通常会扮演各种角色,在这些角色扮演中,幼儿往往可以体验到不同角色之间的关系,学会不同角色之间的交往方式,并体验不同情感。如在扮演"妈妈与孩子"游戏时,扮演妈妈的小朋友可以体会到妈妈对孩子的关爱与呵护。不断调整游戏情节,使幼儿在游戏中能胜任角色,促进幼儿逐渐摆脱"自我中心",了解和掌握社会规范。

(二)对教师发展的意义

1. 区域环境创设是评价教师素质的标准之一

营造良好的学习环境是每一位老师的责任。一个专业的幼教老师,除了要具备课程规划能力及教学技巧外,更需洞悉环境这个潜在课程与行为之间的互动关系,使其发挥潜移默化的作用,让环境中的每一个人都能良好地学习与成长。因此,考察区域环境的创设可以从侧面来评价一位教师的综合素质。

2. 区域环境创设是促进教师成长的手段之一

活动区域能否使幼儿在主动活动、获得整体的发展方面与设置区域的预定目标一致,取决于环境设置是否符合幼儿的审美情趣,区域的主题和内容是否符合幼儿的兴趣和需要、是否涵盖幼儿身心发展的各个方面,材料是否具有可操作性,每一活动区域是否满足幼儿开展相应活动的需求等。

【真题链接】

单选题

(2014年上)幼儿园促进幼儿社会性发展的主要途径是(　　)

A.人际交往　　　B.操作练习　　　C.教师讲解　　　D.集体教学

【答案】A

第三节
区域环境创设的方法

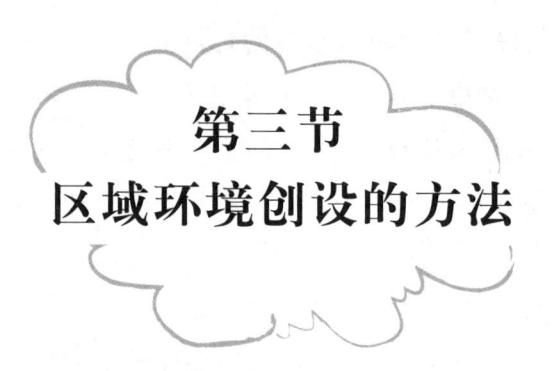

《幼儿园教育指导纲要(试行)》明确提出："幼儿园应为幼儿提供健康、丰富的生活和活动环境,满足他们多方面发展的需要。"幼儿园区域环境创设的目的是为幼儿学习、生活提供一个良好的环境,具体包括区域空间和活动场地的布设。因为幼儿园区域活动环境对幼儿的成长、学习以及探索精神的发展具有重要的影响作用,所以,幼儿园区域活动环境中所需的材料、涉及的隐含信息,必须符合幼儿的发展,进而推动幼儿园区域活动的课程建设。

一、区域环境创设现状

在区域环境建设中,材料的投入和环境是教师最先考虑的因素。教师可以通过标志性环境的创建,一方面改善幼儿的行为习惯,另一方面减轻教师自身压力。在目前区域活动的开展中,教师在创设区域环境时普遍只关注设置什么区域以及使用设施设备的数量,投放多少材料,而忽略了区域活动环境创设的效果,忽略了为幼儿区域活动提供适宜的帮助,没有真正发挥幼儿园区域活动环境创设的优势和作用。

(一)投放区域环境材料缺乏目标性

在区域环境中投放活动材料,不但可以提高孩子们在该环境中活动的积极性,还可以帮助孩子们提高观察事物的能力、独立行为的能力等。但教师在注重材料时,却忽略了不同年龄段幼儿对投放材料的适应能力。对于这一现象,我们在考虑材料多样性的同时,更应该满足幼儿的发展需求。

(二)区域活动缺乏规则性

部分教师认为区域活动以尊重幼儿个别差异、满足幼儿个性发展为目的,因此在开展区域活动时往往过分强调了幼儿在区域活动中的自主与自由,很少对幼儿的区域活动行为进行管理,任由幼儿发展,这使得区域活动发展相对混乱。这对幼儿的个性发展不利,孩子们无法在这种环境中树立对规矩的认识。因此,在创设区域环境时,需要加强活动的规范措施,让孩子们一起遵守,这对幼儿的个性发展和行为规范的养成有积极的教育意义。

(三)区域环境的创设流于形式

区域活动的教育功能主要是通过幼儿与活动材料的互动来实现的,因此材料投放是区域活动环境创设的重要内容。然而,在实际开展过程中,教师在活动材料的投放上往往只求"多"、求"新",通常不会考虑这些道具和场所是否真的适合开展活动,是否适合幼儿的兴趣。只是鼓励幼儿与材料进行简单"玩一玩"的互动,而忽视了材料本身可以发挥的支架与引导作用。

(四)区域环境的创设缺乏幼儿的参与

在区域环境创设中,幼儿是区域活动不可缺少的参与者。这种参与体现在教师引导并激发幼儿的创造性、教师对幼儿创意的尊重、教师对幼儿自主规划空间的鼓励、幼儿及家长参与收集游戏材料、幼儿参与游戏环境的管理等方面。但是有的教师在创设区域环境时,为了追求装饰或应付工作,忽视了幼儿的参与,特别是对幼儿动手能力的培养。

二、区域环境创设的方法

为了提升幼儿园区域活动的教育效果,我们需要基于科学的理念,加强对幼儿成长需求的考虑,对幼儿园活动区域环境进行持续改善,采用丰富有效的指导方法,促使幼儿园区域活动的功能得到更好的体现,使幼儿在快乐中茁壮成长。

(一)在区域活动中创设"标志性环境"

所谓标志性环境,是指教师和幼儿因地制宜,根据某种约定俗成的学习生活习惯与规则而创设的环境,它对幼儿参与区域活动有明确的标志和指示作用。俗话说"无规矩不成方圆",在区域活动中要制定一些幼儿和教师共同遵守的制度,使幼儿养成良好的生活习惯。例如,在开始区域活动时,为了控制进区的人数,教师在区域的入口处粘贴若干脚印图案,提醒幼儿自己判断是否还能够参加该区域活动;对于幼儿乱放图书现象,教师画上分割线,使幼儿放书范围不能超过分割线。这些标志性环境一方面促进幼儿养成良好的生活习惯,另一方面也减轻了教师的压力。

(二)区域环境创设要符合幼儿的发展需要

区域环境的创设还应满足幼儿的不同需求与实际能力,尽量提供一些操作性强、趣味性高的材料来让他们自己动手研究。每个孩子的发展水平是有差异性的,不同的孩子兴趣爱好也不一样。因此我们在创设区域环境的过程中不能有"一刀切"的思想,不但要考虑到能力强的幼儿,也应兼顾到能力弱的幼儿,尽可能地让每一个孩子都可以在合适的环境中成长。

例如,为了帮助幼儿提升动手能力,我们可以在活动区域设置"夹豆豆"这一游戏内容。准备好豆豆和特殊的筷子之后,让孩子用筷子将放置于玻璃瓶中的豆豆夹出来。一些动手能力较弱的孩子或者动作较为缓慢、不习惯使用筷子的孩子,我们可以在旁边放置几把小勺子,让他们用勺子将豆豆舀出来。这样每个幼儿都可以找到适合自己的活动方式,让他们都能够获得满足感。

(三)让幼儿成为区域环境创设的主体

在开展区域活动时,教师往往为了追求装饰或应付工作忽视了幼儿的参与,特别是忽略了对幼儿动手能力的培养,没有很好地发挥出幼儿学习的主动性和积极性,这种教学模式不仅不利于幼儿的成长,更重要的是会影响到幼儿对一些事物的热情。幼儿园区域活动的环境创设不再是单纯的背景支持,而是幼儿园课程中重要的一部分。因此,在幼儿园区域活动的环境创设中,要让幼儿成为亲身参与其中的主体,而教师作为幼儿的监督者、指导者和旁观者,要认真分析幼儿在参与环境创设的过程中的体会和感受,特别是对幼儿动手能力的培养,对幼儿提出合理意见,帮助其进行调整,既能满足孩子们自我表现的愿望,又能在实际操作中锻炼他们的动手能力,以及对周围事物的认知能力。

(四)创设"支架性"的区域环境

创设"支架性环境",使材料隐含一定的教育目标,成为提升区域活动环境创设质量的重要策略。并不是所有的材料都可以直接投放到区域活动中,投放的材料要符合幼儿的发展水平,并能激发幼儿接受挑战,跨越自己的最近发展区,这就需要教师精心添置可以发挥支架作用的材料。例如,教师可以在一个区域中放置一些珠子,以及众多不同颜色的毛线。最初时教师不要对幼儿进行太多干预,而是让幼儿将自己丰富的想象力发挥出来,依据自己的想法选择毛线的颜色,对区域内的珠子进行串联,或者是应用毛线对珠子进行缠绕。然后教师再将一些作品样板和提示图片投入这个区域内,让幼儿进行参照,最终创作出自己所喜爱的作品。这样可以引发幼儿的探索欲望,并且使其感受到成功的快乐感和自豪感,对于幼儿的成长有着积极的促进作用。

【拓展阅读】

支架式教学

支架式教学策略来源于著名心理学家维果茨基的"最近发展区"理论,是指应当为学习者建构对知识的理解提供一种概念框架。这种框架中的概念是为发展学习者对问题的进一步理解所需要的,为此,事先要把复杂的学习任务加以分解,以便于把学习者的理解逐步引向深入。支架式教学策略由以下几个步骤组成:

1.搭"脚手架":围绕当前学习主题,按"最近发展区"的要求建立概念框架。

2.进入情境:将学生引入一定的问题情境(概念框架中的某个层次)。

3.独立探索:让学生独立探索,探索内容包括:确定与当前所学概念有关的各种属性,并将这些属性按其重要性大小顺序排列。探索开始时,要先由教师启发引导(例如演示或介绍类似概念的过程),然后让学生自己去分析;探索过程中教师要适时提示,帮助学生往概念框架逐步攀升。起初的引导、帮助可以多一些,以后逐渐减少,愈来愈多地放手让学生自己探索;最后要争取做到无须教师引导,学生自己能在概念框架中继续攀升。

4.协作学习:进行小组协商、讨论。讨论的结果有可能使原来确定的、与当前所学概念有关的属性增加或减少,各种属性的排列次序也可能有所调整,并使原来多种意见相互矛盾且态度纷呈的复杂局面逐渐变得明朗、一致起来。在共享集体思维成果的基础上,达到对当前所学概念比较全面、正确的理解,最终完成对所学知识的意义建构。

5.效果评价:对学习效果的评价包括学生个人的自我评价和学习小组对个人的学习评价,评价内容包括:①自主学习能力;②对小组合作学习所做出的贡献;③是否完成对所学知识的意义建构。

(五)创设"游戏情境"的区域环境

在区域活动中,为幼儿创设符合他们兴趣、具有游戏情节的环境也相当重要,能够有效引发幼儿探究和操作的兴趣,充分发挥材料的教育功能。例如,教师通常都会在操作区为小班幼儿提供小勺和小积塑块,供小班幼儿练习使用小勺舀东西的小肌肉动作,然而这种单调、重复的动作练习很快就会使小班幼儿失去操作的兴趣。这时,教师只要将一张小动物张开嘴巴的图卡贴在小碗上,创设"为小动物喂饭"的游戏情境,就能重新激发和延长幼儿参与操作的兴趣。

区域活动环境的创建对于幼儿的健康成长和全面发展有着积极的促进作用,教师在实际创设的过程中,必须以班级幼儿的实际情况为基准,并且充分了解幼儿的兴趣爱好,合理地、科学地创造区域活动环境。

> **思考与练习**
>
> 1. 为什么要为幼儿创设区域环境?
> 2. 幼儿园区域环境创设要遵循哪些原则?
> 3. 幼儿园区域环境创设中可以采用哪些方法?

第 3 章
区域材料的选择与利用

  在幼儿园区域活动和环境创设的规划和执行中,教师是材料的投放者和管理员。现在的许多幼儿园虽不缺乏物质条件,充满了形形色色的、特征和功能各异的丰富材料,但教师常常会产生一些困惑:材料是根据什么来选择的?不同的区域和班级投放的材料一样多吗?各个区域和各个班级应该投放多少材料呢?材料更新或者轮换的时间应该如何确定呢?

  伴随着这些问题,本章将会在课程内开展一门小小的"材料学"研究。

【学习目标】

知识目标：

了解区域材料的功能；了解区域材料的选择标准；熟悉几种常见区域活动中的材料清单；掌握区域材料的配备和投放方法；掌握区域材料使用过程中的活动指引方式。

技能目标：

能遴选出不符合安全标准的材料；能根据不同类型的活动区域配置适宜的材料；能利用各种材料设计适宜的课程，引导幼儿深入开展区域活动。

【学习重难点】

重点：理解材料的意义和功能，将材料的选择标准熟记于心，学会为不同的区域活动选择适宜的材料，学会高效地配备和利用材料。

难点：把本章所学的知识和未来的职业环境结合起来，思考和探索如何在现实的幼儿园条件中去选择材料、配备材料、利用材料。

【知识结构图】

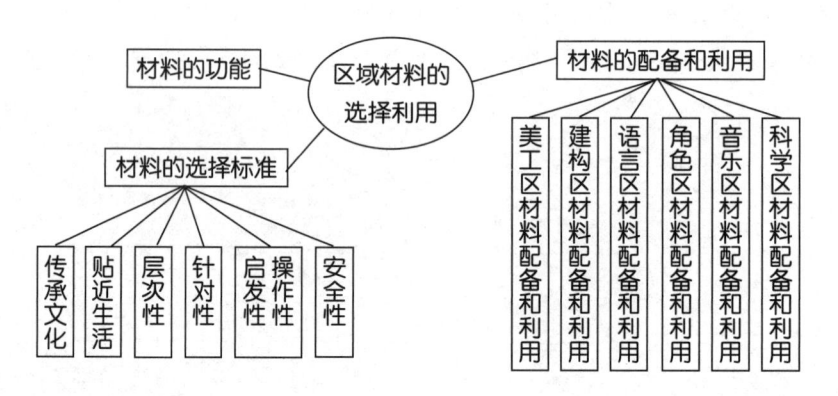

区域材料的选择利用
- 材料的功能
- 材料的选择标准
  - 传承文化
  - 贴近生活
  - 层次性
  - 针对性
  - 启发性
  - 操作性
  - 安全性
- 材料的配备和利用
  - 美工区材料配备和利用
  - 建构区材料配备和利用
  - 语言区材料配备和利用
  - 角色区材料配备和利用
  - 音乐区材料配备和利用
  - 科学区材料配备和利用

第一节 材料的功能与选择

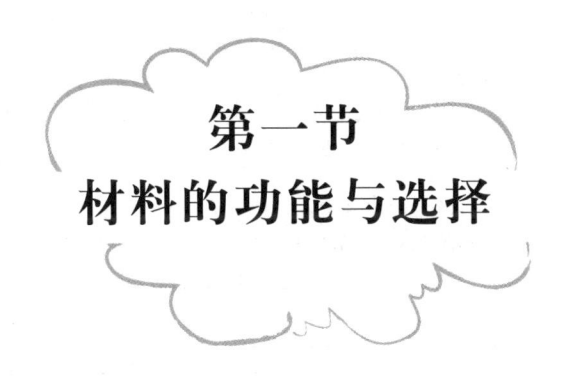

一、材料的功能

幼儿园的区域活动设计和环境创设离不开材料的选择与利用。材料的首要功能,是保障教学活动的顺利开展。丰富的材料能充实活动内容,辅助教学目的的实现。俗话说"巧妇难为无米之炊",如果缺乏材料,就好比工人没有工具、农民没有种子、司机没有车辆一样,没有材料的区域活动无法开展,教学就会变得单调乏味,教学活动的目标就难以实现了。适宜的材料还能激发幼儿的兴趣,提升区域活动的效率,吸引幼儿主动参与各类区域活动。

在幼儿园中,按照区域设置的不同功能,常把材料分为体育运动类材料、建构类材料、角色游戏类材料、表演类材料、科学类材料、益智类材料、美工类材料、音乐类材料等。

教育部制定的《幼儿园教育指导纲要(试行)》中把幼儿园的教育内容划分为健康、语言、社会、科学、艺术等五个领域,因此,区域材料的功能也是为了实现这五个领域的教学目标而服务。

表3-1 材料的功能及其实现方式、对应区域

材料的功能	实现方式	对应区域
促进幼儿的健康发展	幼儿通过拼图、粘贴等手工材料,积木和沙土等建构材料,以及各种体育运动类材料的使用来发展自身的大肌肉、小肌肉技巧	美工类区域 建构类区域 玩沙玩土类区域 体育运动类区域

(续表)

材料的功能	实现方式	对应区域
促进幼儿的语言发展	材料要为幼儿创造与他人交流的机会和条件(包括与同龄人、成人的交谈),创造聆听、阅读和讲述故事、诗歌的条件	角色游戏类区域 表演类区域 图书阅读类区域
促进幼儿的社会发展	提供一些能让幼儿认识社会的材料,同时鼓励幼儿在活动中分享材料、合作使用材料,亦可选择一些能够反映民族文化、家乡特色的材料	角色游戏类区域 表演类区域
促进幼儿的科学发展	通过富有引导性的材料来启发幼儿探索周围世界的常识,包括科学通识、数学知识、健康知识等	建构类区域 科学类区域 益智类区域
促进幼儿的艺术发展	指导幼儿操作艺术类材料来欣赏和体验不同的艺术形式,获得审美经验,包括美术、音乐、舞蹈等	美工类区域 音乐类区域 表演类区域

二、材料的选择

合适的材料对于幼儿园区域活动的开展起着保障性作用。为了给幼儿创设科学合理、能促进他们发展和学习的区域活动,就需要提供适宜的、丰富的材料。适宜而丰富的材料不仅能扩充幼儿区域活动的形式和内容,保障每个幼儿的参与机会和活动条件,同时,它也是促使幼儿主动参与区域活动的重要因素之一,直接影响着幼儿的兴趣,能鼓励幼儿积极地在区域活动中提高能力,实现教育目标。

材料的选择关系到区域活动的教学效果,需要教师进行综合研判,既关注材料本身的数量和品质,又考虑到幼儿的兴趣,兼顾幼儿的发展需要和既定的教学活动目标。选择的材料兼备安全性、操作性、启发性、针对性、层次性,还要贴近生活和体现本地文化特色。

1. 材料的选择必须确保幼儿的安全卫生

教育部制定的《幼儿园教育指导纲要(试行)》中强调:"幼儿园必须把保护幼儿的生命和促进幼儿的健康放在工作的首位。"这说明在幼儿园区域活动和环境创设中,选择材料时,安全性是第一位的。

传统的幼儿园区域活动中,由于小朋友们的年龄偏小,生活经验尚不丰富,缺乏安全意识和习惯,不了解哪些东西是安全的,哪些东西是不安全的,这就需要每一位教师提前做好区域活动材料的检查和甄选工作。但一般的教师在选择材料的过程中,由于自身知识结构的局限性,不一定熟悉各种材料的材质和成分,缺乏专业辨识鉴定能力,无法辨别材料中是否含有毒有害物质,从而导致一些幼儿园的区域活动中潜伏着不少安全隐患。因此,教师选择材料的能力,直接影响着幼儿园区域活动的安全性。教师应当加强自身的安全知识学习,拓展知识面,多了解一些安全常识和规范,在选择材料时要对常见的安全隐患时刻保持警惕。

教师加强自身的安全知识学习,注重材料的安全性,能够让幼儿在正常使用或者可预见的滥用下,最大程度地避免因为材料自身的某些缺陷给幼儿造成伤害,同时避免损害区域中其他人的安全或健康。材料的选择应当避免对幼儿造成以下伤害:

① 各种机械伤害,包括切伤、撕裂、擦伤等;
② 窒息和因缠绕产生的肢端伤害;
③ 咽下或吸入异物;
④ 毒性和其他有害物质的伤害;
⑤ 跌落;
⑥ 溺水;
⑦ 电击;
⑧ 烧伤和烫伤;等等。

结合上述问题,参考GB28007-2011《儿童家具通用技术条件》、GB6675-2014《玩具安全》,在甄选材料时,一般可重点注意以下几个方面:

边缘及尖端。区域活动中的材料和环创产品、家具等不应当具有危险锐利边缘及危险锐利尖端,棱角及边缘部位应当经过倒圆或倒角处理。在距离地面高度1.6米以内空间中放置的材料和环创产品,尤其是一些硬度较高的材料,凡是具有可接触的危险外角(见图3-1中画圈的部位),都应当经过倒圆的设计和处理,并且倒圆的半径不小于10毫米,或者倒圆的弧长不小于15毫米(见图3-2)。

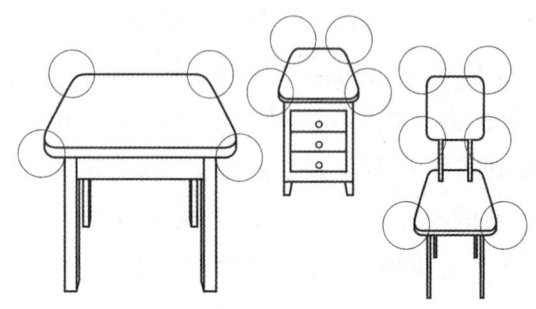

图3-1　危险外角

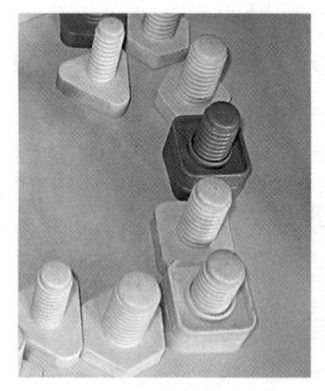

★ 经过了倒圆设计的材料　　✗ 未经过倒圆设计的材料

图3-2　处理前后对比

突出物。区域活动中的材料和环创产品、家具等不应当含有危险突出物。如果材料中存在危险突出物,则需要用适宜的方式对其加以保护。比如,把材料突出的末端进行弯曲处理,或者加上保护帽、保护罩以便有效增加可能与幼儿皮肤接触的面积。保护帽或保护罩的设计标准为能够承受70±2牛顿并且保持10秒的保护件拉力试验,不应脱落。

孔及间隙。区域活动中的材料和环创产品、家具如果含有孔和间隙,则应当满足以下要求：

① 刚性材料上深度超过10毫米的孔及间隙,孔的直径或间隙应当小于6毫米或大于等于12毫米；

② 材料、环创产品和家具中,可接触的活动部件之间的间隙应小于5毫米,或大于等于12毫米。

折叠机构。区域活动中的材料和环创产品、家具中,除了门、盖子、抽屉和各种推拉件及其五金件外,材料和产品不能在正常的使用载荷下产生危险的挤压、剪切点。如果材料和产品中存在折叠机构或者支架,应当有锁定装置或者安全止动设计,以防止意外移动或者折叠。锁定装置或者安全止动设计必须能够在倾斜70度时保持有效,或者正常放置时能够承受50千克的负荷,并且保持5分钟,材料和产品不应折叠。

翻门、翻板。区域活动中的材料和环创产品、家具中的翻门或翻板不宜过于松动,翻门、翻板的关闭力度应当大于或等于8牛顿。

封闭空间。教师在挑选材料和家具时,应当考虑由这些材料或者家具组成的区域中,要尽量避免产生密闭空间。当材料或者环创产品中有不透气密闭空间(例如门板或者盖子与其他部件形成的空间),而且封闭的连续空间容积大于0.03立方米,内部各方向尺寸均大于或等于150毫米时,则应当满足下列要求之一:

——应当设计两个开口面积大于或等于650平方毫米的通风口,并且两个通风口相距至少150毫米,通风口应当不受阻碍;或者设计一个将两个650平方毫米开口及之间间隔区域扩展为一体的有等效面积的通风开口;将相应的环创产品或者家具放置在地板上任意位置,并且靠在房间角落的两个相交90度角的垂直面时,通风口应当保持不受阻碍。通风口可装上透气性良好的网状或者类似部件。

——密闭空间的盖子、门板,或者盒子以及类似装置不能配有自动锁定装置,要保证其能够顺利开启,并且开启力不应大于45牛顿。

力学性能。教师在选择材料的时候,也要关注材料的质量,确保材料的力学性能优秀,在幼儿园长期和高强度的使用中,为了避免相关材料故障和意外频发,材料应当满足下列力学要求:

① 材料和环创产品的零部件应当不易断裂、豁裂或脱落;

② 材料和环创产品应当保证在高频率的使用过程中不发生严重影响使用功能的磨损或变形;

③ 教师用手揿压材料中某些应为牢固的部件,应当不产生永久性松动;

④ 材料和环创产品的连接部件无松动;

⑤ 材料和环创产品的活动部件(门、抽屉和一些具有推拉功能的装置等)开关应当灵活;

⑥ 材料和环创产品中含有的五金件应当保证在高频率的使用过程中无明显变形、损坏或脱落;

⑦ 软体类材料和环创产品的面料应当无破损,无断簧,缝边无脱线,铺垫料无破损或移位;

⑧ 摆放在区域中的材料和环创产品应当稳定,不易倾翻。

有害物质限量。材料和环创产品中的有害物质限量应当符合相关产品标准的要求。利用回收废弃物自制的环保材料,必须经过清洗和消毒。

其他。区域活动环境中的材料和产品还应当满足以下要求:

① 在幼儿活动或者站立水平面的高度1600毫米以内的空间中,区域活动的材料和环创产品不应当使用玻璃材质的部件;

② 材料中含有管状部件的,管状部件外露管口端应当采取封闭措施;

③ 材料和环创产品中,凡是存在抽屉、键盘托等推拉件的,应当具有防拉脱装置,避免儿童使用过程中因为意外拉脱而造成伤害;

④ 区域环境创设中,所有的高桌台以及高度大于600毫米的柜类产品,都应当具备固定产品于建筑物上的连接件,并在其使用说明中明示安装使用方法;

⑤ 区域环境创设中,一些安装有脚轮的产品应当至少有2个脚轮能被锁定或者至少有2个非脚轮类型的支撑脚;

⑥ 材料中的绳带、彩带或绑紧用的绳索等,在25±1牛顿的拉力下,其长度不能大于220毫米;

⑦ 材料中含有纺织面料的,纺织面料的pH值不能为强酸性或者强碱性;

⑧ 材料中含有皮革的,皮革的pH值不能为强酸性或者强碱性。

2. 材料的选择应当具有操作性和启发性

幼儿园区域活动中,各种材料是幼儿的直接操作对象,材料应当成为幼儿活动的称手工具和探索未知世界的钥匙。瑞士心理学家让·皮亚杰在《儿童智慧的本源》一书中提出"儿童的智慧源于材料",认为幼儿的认知结构是在使用材料的操作过程中产生的。

材料是否具有操作性,将会直接影响幼儿的兴趣。教师如果能为幼儿挑选操作性较强的材料,则能吸引幼儿主动地参与活动,提高教学效率。材料的操作性不仅仅体现在能够让幼儿动手玩耍上面,更加讲究能够引导幼儿手、眼、脑的协调活动,让幼儿动手操作的同时也动脑思考。富有操作性的材料能够引发幼儿的思考和探索,优秀的材料既在视觉上吸引幼儿,又在操作上锻炼幼儿,同时在这个互动过程中让幼儿动脑和材料"交流"。材料的选择不应当只看重好看的、华丽的外观,好看而不好用的材料无法与幼儿形成互动,难以促进幼儿的发展。

当材料的操作性得以体现,幼儿能够积极主动地使用材料,手、眼、脑并用地探索区域活动时,材料的启发性就显得愈发重要。所谓材料的启发性,主要是指材料的设计或者布置中,应当蕴含着某种线索,通过这些线索的启发,能够强化幼儿的活动体验,辅助幼儿操作材料;或者在不同的材料之间,存在某种逻辑思维关系,能够让幼儿把它们联系起来。

教师需要精心准备,主动布置具有启发性的材料。例如,在制作玩具车的活动中,教师提供平板、棍子、轮子、盒子等,启发小朋友去制作一辆玩具车而非其他东西;在种植区,教师引导幼儿观察不同阳光和水分条件下相同植物的长势,启发幼儿思考阳光、水分和植物生长的关系等。材料的"启发"作用正是启迪幼儿心中的灵感,将其导向我们的教学目标。

3. 材料的选择应当具有针对性

《国务院关于当前发展学前教育的若干意见》中提到,坚持科学保教,要"遵循幼儿身心发展规律,面向全体幼儿,关注个体差异",同时,教育部制定的《3—6岁儿童学习与发展指南》中也明确指出"幼儿的发展是一个持续、渐进的过程,同时也表现出一定的阶段性特征","切忌用一把'尺子'衡量所有幼儿"。因此,在区域活动中,应当有针对性地选择材料,主要是两方面:针对不同年龄班的幼儿选择和投放不同的材料;针对同一个班级中不同发展水平的幼儿的个体差异来选择和投放不同的材料。

在幼儿园中,三个年龄段的幼儿具有不同的年龄特征,《3—6岁儿童学习与发展指南》也分别为三个年龄段的幼儿设置了不同的保教目标和教育建议。因此,随着幼儿年龄的增长,教师要根据幼儿身体的发展、心理的发展和幼儿的兴趣等方面选择投放各具特色的材料,且材料的选择应当不断调整,能够跟上幼儿的成长和时代的变化。例如:在建构活动区域中,小班的幼儿喜欢动手模仿,但自身的小肌肉群尚不发达,应当为其提供一些造型简单、方便取放,通过较为简单的直接操作就能达到活动目标的材料;而大班的幼儿动手能力强,思维相对成熟,可以为他们选择一些兼顾多样性和复杂性,需要反复探索的材料。

在针对不同年龄段幼儿选择和投放材料的基础上,教师还要考虑同一个班级中存在不同发展水平这一现实情况。老师首先应当在日常教学和生活中,留心观察每一位幼儿,并且注意总结归纳,分析幼儿在各个领域的发展水平,记录全班幼儿的特点,才能因材施教,为每一位小朋友选择最适宜的材料。例如:在让幼儿学习使用筷子的"夹弹珠"游戏中,可以设置三种难度不同的材料——柔软的小布团、坚硬但粗糙的小木块、光滑的小石块,以针对能力不同的幼儿,投放从易到难、不同层次的材料。

有针对性地选择和投放材料,让所有幼儿都参与到区域活动中,实现共同成长,共同体验成功的乐趣,能够更深层次地提升区域活动的效率,帮助教师全面完成保教目标。

4. 材料的选择应当具有层次性

材料的选择应当层次丰富,数量充足。一般来说,为每个班准备的材料,应当能够满足全班幼儿的需求,材料总数应当超过儿童人数,确保材料能够覆盖到每位幼儿。

为幼儿准备丰富多样的材料,能充分地吸引幼儿的注意力,避免因为材料过于简单而导致幼儿很快对活动失去兴趣。同时,丰富的材料能够避免幼儿因为争夺紧张的材料资源而产生冲突,预防攻击性行为的发生。

但材料的丰富并不意味着材料越多越好、越杂越好。当材料过于丰富、种类繁杂时,幼儿反而容易分心,导致活动效率下降。材料的新旧选择也不是越新越好,根据数据研究(见表3-2),材料的新旧搭配比例在一定程度上能够影响幼儿的关注度和操作情况。因此,教师需要在日常工作中不断总结和调整,为自己的班级设置层次、数量适当,新旧搭合理配的材料。

表3-2 新材料所占比例对幼儿的影响

区域活动材料中新材料所占比例	幼儿对新材料的关注度	幼儿对新材料的操作情况
70%以上	十分关注	使用新材料的频率较高,容易忽略旧材料
35%～70%	保持关注	多数幼儿能够把新旧材料结合起来使用,旧材料在和新材料一起使用时,也产生了新的玩法
10%～35%	比较关注	幼儿能够发现新材料,但多数幼儿没有将新材料和旧材料结合起来使用,在局部偶尔会发生争夺新材料的行为
10%以下	易受忽略,不太关注	忽略新材料,新材料仅被少数幼儿发现和利用

5. 材料的选择需要贴近生活

要让材料变成幼儿探索和学习的称手工具,材料的选择还需要考虑幼儿的生活经验。由于不同的幼儿生活环境有别,他们拥有不同的生活经验,北方和南方的幼儿生活经验不同,内地和沿海的幼儿生活经验不同,城市和乡村的幼儿生活经验不同……如果把乡村的孩子放进一个"地铁站"的角色游戏中,而让城市的孩子玩一个"晒稻谷"的游戏,即使教师精心准备的材料丰富多样且具有操作性、启发性、针对性等,也容易让幼儿手足无措,因为他们面对的是一个缺乏生活经验的陌生领域。这种情况下,教师的准备和安排就会变得事倍功半,很难高效地实现活动目标。

选择贴近幼儿生活的材料,是一种脚踏实地的精神。贴近生活的材料可能不太"洋气",但往往简单好用,这些材料中富含幼儿喜爱和熟悉的物件,他们使用起来得心应手,有助于幼儿提高活动效率,树立信心。《幼儿园教育指导纲要(试行)》中也提到:"教育活动的内容既贴近幼儿生活来选择幼儿感兴趣的事物和问题,又有助于拓展幼儿的经验和视野。"

6. 材料的选择可以突出本地文化特色

我国作为世界四大文明古国之一,有着悠久和璀璨的文明史,传统文化艺术源远流长。疆域辽阔的祖国大地上,传统文化的种子在四面八方生根发芽,孕育了无数的文化瑰宝。教师在幼儿园区域活动和环境创设中,如果能将各地的文化特色融进去,不但能有效避免材料选择的千篇一律,还能够创建具有优秀文化特色的班级,对幼儿在艺术领域和社会领域的发展,也能起到升华的作用。

以重庆市为例,截至2014年底,全市成功申报国家级非物质文化遗产项目36项,其中包含大量的民间文学、音乐、舞蹈、美术项目和传统戏剧、民俗、工艺项目等。例如九龙坡的走马镇民间故事、铜梁的龙舞、梁平的梁山灯戏和木版年画、荣昌的折扇和陶器制作技艺、秀山的花灯、酉阳的摆手舞、彭水的高台狮舞、巴南的木洞山歌、渝北的小河锣鼓、等等。相关地区的幼儿园教师可以在区域活动中引入相应的材料,拓展幼儿的审美视野,使幼儿得到家乡优秀传统文化的熏陶,丰富他们的感性经验和审美情趣。

将本地优秀文化特征在幼儿园区域材料中体现出来,有助于建设特色鲜明的、文化内涵丰富的幼儿园,也符合《幼儿园教育指导纲要(试行)》在社会领域方面的要求:"充分利用社会资源,引导幼儿实际感受祖国文化的丰富与优秀,感受家乡的变化和发展,激发幼儿爱家乡、爱祖国的情感。"

第二节 材料的配备和利用

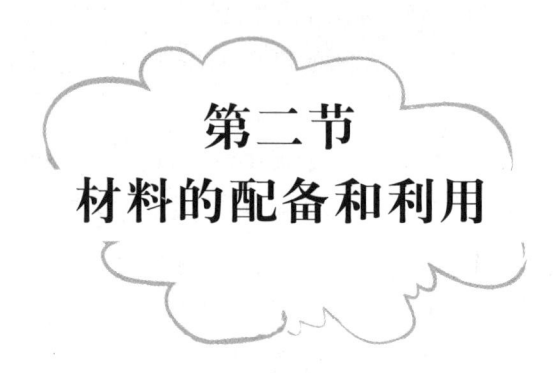

一、材料的来源和管理

材料的来源主要分为两种：一种是幼儿园购置的；一种是教师和幼儿、家长共同收集和自制的材料。无论哪种材料，在使用过程中，教师都要加强管理和维护，做好材料的阶段性集中投放、过程性动态添加和删减工作。同时，组织幼儿一起做好材料的管理工作。

（1）在日常活动中，材料的摆放应当是开放式的，放置于低矮或者透明的容器中，方便幼儿选择和取放。

（2）材料的摆放应当整齐，分类清楚，贴上标签；材料的存放位置应当固定，并用文字或图案进行标记。

（3）材料需要定期清洗、消毒。

二、典型区域的材料配备和利用

下面列举了幼儿园中常见的几种区域典型材料配备清单，包括美工活动区域、建构活动区域、语言活动区域、角色游戏区域、音乐活动区域、科学活动区域等，并且从语言、科学（数学）、社会、艺术几个领域提出了一些引导和利用方法，供教师参考。

◆ 美工区活动材料配备与活动指引

1. 典型材料配备清单

各类纸张：绘画纸、卡纸、海绵纸、吹塑纸、皱纹纸、旧报纸、瓦楞纸、彩色蜡光纸、宣纸等。

绘画材料：铅笔、彩色铅笔、颜料、油画棒、双头马克笔、签字笔、针管笔、水彩笔、排笔、蜡笔、毛笔等。

辅助工具：胶水、白乳胶、固体胶、双面胶、透明胶、纸胶带、泡沫胶、安全剪刀、花边剪、打孔器、橡皮筋等。

辅助材料：橡皮泥、纸盒、纸盘、纸杯、布头、毛线、绳子、包装带、一次性杯子、胶卷、扣子、盖子、各类豆子、牙刷、牙签、棉签、吸管、铁丝、酒瓶、果冻盒、环保袋、空白脸谱、泡沫蛋、冰棍杆、光盘、小木夹、各类印模、印章、简易版画工具等。

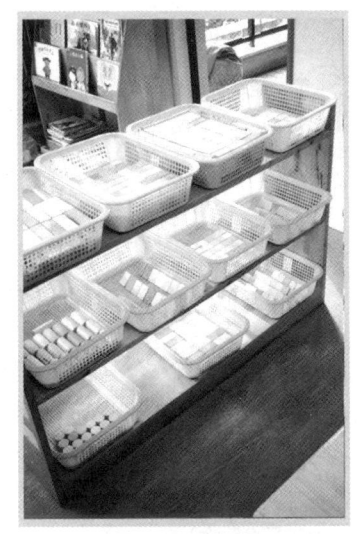

图3-3 美工区材料

2. 通过语言活动进行引导和利用

教师可以向幼儿介绍美术作品的要素，如色彩、线条、形状、空间和质地等，扩展幼儿的词汇。

教师可以通过提问的方式引导幼儿说出作品的内容。

教师可以让幼儿给自己的作品命名。

教师可以将幼儿对作品的描述记录下来。

教师可以鼓励幼儿向同伴介绍自己的作品。

3. 通过社会活动进行引导和利用

教师通过向幼儿介绍美术作品帮助他们了解别人的生活。

教师可以邀请具有美术特长的家长或专业人士向幼儿介绍一些作品，例如陶器、编织品等。

教师可以让幼儿参与布置教室环境，促进幼儿进一步了解关于生活环境的知识。

教师可以鼓励幼儿使用废旧的材料来创作美术作品，帮助幼儿了解生态与环保知识。

4. 通过科学活动进行引导和利用

教师可以向幼儿介绍不同质地的材料，了解物质科学内容。

教师可以引导幼儿观察颜料、黏土加水后的变化。

教师可以与幼儿讨论在有些小制作中如何保持平衡和稳定。

教师可以通过提问帮助幼儿进一步了解物质材料的特性（例如怎样才能把两个东西粘在一起）。

教师可以和幼儿们一起收集自然物（例如树叶等），帮助幼儿了解生命科学的内容。

教师可以让幼儿用不同的自然材料创作美术作品。

5. 通过数学活动进行引导和利用

教师可以为自己的作品编号。

教师可以引导幼儿将各种工具、材料分类摆放。

教师可以引导幼儿观察并了解美术作品中的对称特征。

教师可以通过与幼儿交流他们的作品，让其了解方位，如上面、下面、里面、旁边等。

教师可以让幼儿在具体使用材料时学习测量，如用长一些的纸、画一条短线等。

6. 通过艺术活动进行引导和利用

教师可以在美术活动中放一些背景音乐，以增加一些愉悦的感觉。

教师可以引导幼儿将美术活动与戏剧活动结合起来，可以让幼儿制作所需要的面具、头饰和服装道具。

教师可以让幼儿在户外进行一些写生活动，增加对大自然的了解。

教师可以让幼儿欣赏一些名画。

教师可以指导幼儿正确使用工具和材料，积极鼓励他们发挥想象力，创作出与众不同的作品。

教师可以引导幼儿学习连接、捏的技法。

教师可以通过示范引导幼儿学习正确的折纸方法。

教师可以引导幼儿学习简单的画面布局。

教师可以引导幼儿用废旧物品做成简单的手工作品。

◆ 建构区活动材料配备与活动指引

1. 典型材料配备清单

成品材料：各种形状的大型积木、中型积木和小型积木等。

辅助材料：木板、大小不等的箱子、易拉罐、绳子、塑料管、小车模型、线、石头、建筑模型、建筑图片、测量工具、插塑玩具、雪花片、张贴画、自制纸盒积木、交通标识、花、草、楼房、小人和动物的立体摆件、小木桥、幼儿积木作品照片等。记录用的纸和笔、统计各种材料数量的表格等。

2. 通过语言活动进行引导和利用

教师可以与幼儿谈论建构物，丰富幼儿的词汇。

教师可以向幼儿介绍积木的形状，如圆柱形、拱形等。

教师可以邀请幼儿介绍自己的作品，如谈谈大楼等。

图3-4　建构区材料

教师可以提供一些与建构活动相关的书，如关于桥的书、关于房子的书等。

教师可以鼓励幼儿将自己建造的东西用字母或符号做一些标记，也可以鼓励幼儿将所搭建的建筑物画下来。

3. 通过社会活动进行引导和利用

教师可以和幼儿谈论他们搭建的道路、某个场所等，帮助他们了解空间、地理位置。

教师通过了解幼儿所搭建的建筑物中的商店和其他场所，帮助他们进一步了解人们的生活、工作。

教师可以通过提供一些书、图片与幼儿进行讨论。

教师可以鼓励幼儿分工、合作搭建，寻求帮助。如几个幼儿合作搭建公园。

4. 通过科学活动进行引导和利用

教师可以引导幼儿通过使用积木了解积木的不同（形状、大小等）。

教师可以鼓励幼儿在搭建的过程中适当使用一些辅助材料，如小车，让幼儿探索坡度等。

教师可以建议幼儿利用辅助材料充实他们的建筑物，如通过增加一些小型动物，让他们建造农场、动物园等。

教师可以鼓励幼儿通过搭建不同的生活场景，帮助他们扩展有关生活的知识。

5. 通过数学活动进行引导和利用

教师可以向幼儿提出某些建议,如"每个人一次拿三块积木","请用三角形的积木搭建"等。

教师可以鼓励幼儿探索积木的形状以及如何搭得高一些、长一些等。

教师可以在积木柜上做标签,方便幼儿分类。

教师可以引导幼儿认识积木的形状,如长方体、正方体等,还可以帮助幼儿们理解上、下、前、后等方位。

教师可以鼓励幼儿用自己的身体与所搭作品比高度。

教师可以引导幼儿选择不同形状的积木搭建不同的物体,并可以提供积木构造图,请他们按图搭建。

教师可以让幼儿将建构的作品用符号或形状进行统计。

6. 通过艺术活动进行引导和利用

教师可以鼓励幼儿在用积木建构的场景中进行表演,同时提供一些道具,如帽子、空盒子,可以让幼儿的表演取得更好的效果。

教师可以让幼儿将他们的建构作品画下来以利于保存,或用相机拍摄下来与其他小朋友分享。

教师引导幼儿用铺平、延长、围合、盖顶、加宽等构造技能搭建各种造型的建筑物。

◆ 语言区活动材料投放与活动指引

1. 典型材料配备清单

成品材料:各种图书、挂图、写字板、录音机、头饰、图片、儿歌海报、手偶、指偶等。

辅助工具:点读机、学生电脑、电子图书等。

收集材料:幼儿影集、幼儿日记、抱枕、各种阅读材料等。

自制材料:自制大图书、识字卡片、文字拼图、图文匹配的讲述材料、记录用的笔和纸等。

2. 通过语言活动进行引导和利用

教师通过引导幼儿读故事和其他内容的书,提高他们的语音意识。

教师可以引导幼儿注意书籍中各种符号。

教师在让幼儿读书时,可以引导他们了解读书的顺序。

教师可以在与幼儿一起阅读故事时,向他们提一些开放性的问题。

教师可以用一些道具帮助幼儿回忆、复述熟悉的故事。

教师可以在幼儿阅读和重复阅读故事书时,鼓励幼儿讲述相关的图画。

教师可以自己有感情地讲述故事,影响幼儿。

教师可以引导幼儿用较完整的句子比较连贯地讲述。

教师可以引导幼儿进行图文匹配。

教师可以引导幼儿朗诵、讲述、复述、仿编、续编熟悉的儿歌或故事。

3. 通过社会活动进行引导和利用

教师可以引导幼儿通过阅读不同职业、角色的故事,了解他们的生活。

教师可以利用幼儿自己做的书帮助他们理解空间的知识。

教师可以引导幼儿阅读一些关于地理的书籍,通过这些书帮助幼儿了解地图的知识。

教师与幼儿们分享书籍,帮助幼儿了解一些简单的历史知识。

教师可以邀请幼儿的祖父母到幼儿园来给他们讲过去的事。

教师引导幼儿注意倾听别人讲话。

4. 通过科学活动进行引导和利用

教师可以引导幼儿观察图书中提到的信息,帮助他们了解关于动植物的知识,也可以了解有关生命科学的知识。

教师可以将书中读到的一些信息向幼儿介绍,并做相关的小实验。

教师可以让幼儿分享他们看到的工具说明书,以了解工具是如何使用的。

教师可以鼓励幼儿对环境保护的事进行交谈。

5. 通过数学活动进行引导和利用

教师可以通过一些书名帮助幼儿理解数字概念。

教师可以在读故事时与幼儿谈论有关量的问题,如故事中相同句式的数量等。

教师在与幼儿一起读书、观看图片时,可以帮助幼儿理解上面、下面、前面、后面、中间、里面、外面等概念。

教师可以通过一些词帮助幼儿理解有关比较和测量的概念,如今天、明天等。

6. 通过艺术活动进行引导和利用

教师在与幼儿阅读图书时，可以鼓励他们模仿故事情节中打鼓、跳舞、表演的部分。

教师可以引导幼儿将主要形象画出来或制作出来。

◆ 角色区活动材料投放与活动指引

1. 典型材料配备清单

成品材料：角色扮演所需要的小柜子或小家具、各种小娃娃、公仔、各类厨具、各种面包、电话、空食品盒、点心等。

收集材料：和情景相适应的各种玩具，如商店的货物、小货架、收银机等，医院的制服、针筒、吊瓶、体温计、药瓶、药盒、零钱包、电话、锅、碗、勺子、微波炉、自制各类点心等。

书写工具：贴纸、练习本、信封、笔等。

自制材料：与所学内容相关的手偶、各种角色头饰、与角色匹配的道具、其他辅助材料等。

宣传材料：广告板、海报、角色展示板等。

2. 通过语言活动进行引导和利用

教师通过向幼儿介绍道具的名称（如听诊器、公文包、帽子和菜单）发展幼儿的词汇和语言。

教师通过提问和引导幼儿阅读有关主题的故事，为他们提供角色扮演的线索。

教师可以参与幼儿的游戏，丰富他们的词汇。

教师鼓励幼儿扮演不同的角色。

3. 通过社会活动进行引导和利用

教师可以利用地图让幼儿了解空间方面的知识。

教师可以带幼儿到附近商店散步，回来后与他们一起进行有关商店的角色扮演。

教师可以与幼儿讨论不同的职业，扮演不同的角色，帮助幼儿认识各种职业。

教师可以通过一些指偶、头饰和不同职业的图片丰富幼儿对人的社会角色的认识。

教师可以指导幼儿正确理解角色特有的行为特征和语言，并能创造性地表演医生、警察等角色。

4. 通过科学活动进行引导和利用

教师可以引导幼儿探索各类工具的使用方法。

教师可以提供一些植物道具,如蔬菜、水果,扩展幼儿关于生命科学的知识。

教师可以和幼儿讨论天气,谈论一些物品的再利用等。

5. 通过数学活动进行引导和利用

教师可以帮助幼儿寻找解决实际问题的办法,如使用数字天平。

教师通过与幼儿讨论角色的分配,教他们学习数学。

教师可以通过提问引导幼儿解决实际问题。

6. 通过艺术活动进行引导和利用

教师可以教幼儿一些技能,使他们可以进行戏剧表演。

教师可以用一些情节、人物都比较简单的故事让幼儿进行扮演。

教师可以鼓励幼儿用手偶进行表演。

◆ 音乐区活动材料投放与活动指引

1. 典型材料配备清单

成品材料:碰铃、三角铁、铃鼓、响棒、圆舞板、沙锤、录音设备、电子琴等。

自制材料:小鼓、沙锤、乐曲图谱、音符、舞谱、五线谱、彩带、节奏卡、大型舞台背景等。

收集材料:表演服装、民族特色服装、纱巾、帽子、头饰、手绢、扇子等。

图3-5 音乐区材料

2. 通过语言活动进行引导和利用

教师可以向幼儿介绍新的乐器、新的歌曲,丰富他们的词汇和语言。

教师可以帮助幼儿理解歌词。

教师可以引导幼儿用动作表现歌词内容。

教师可以引导幼儿回顾表演活动,并和其他幼儿分享其中的乐趣。

教师可以在幼儿表演前或表演过程中做些提示,让幼儿熟悉台词。

3. 通过社会活动进行引导和利用

引导幼儿在音乐活动中学习空间和地理概念(前、后、上、下等)。

通过介绍不同民族和国家的音乐、舞蹈,让幼儿了解不同人群的生活。

向幼儿介绍不同文化的音乐和舞蹈,引导幼儿了解不同文化背景下的音乐和乐器。

教师向幼儿介绍少数民族的服装、道具,帮助幼儿感受我国各民族的不同文化风情。

教师可以鼓励幼儿与同伴合作,组成两人或多人小组进行舞蹈活动。

4. 通过科学活动进行引导和利用

教师可以引导幼儿探索不同乐器,分辨不同乐器所发出的声音。

教师可以鼓励幼儿设法发出重音和轻音。

教师可以鼓励幼儿用自然环境中的材料制造乐器。

教师引导幼儿注意观察道具在音乐节奏中的变化。

5. 通过数学活动进行引导和利用

教师可以通过让幼儿唱数学歌曲,帮助他们理解数的概念。

教师可以引导幼儿通过拍手、跺脚以及重复一些韵律动作,帮助他们理解数量。

教师可以让幼儿随音乐走一些简单的队形,如横排、竖排、双圈等。

教师可以让幼儿在音乐的伴随下围成圈走或跑,或是将某物体放在不同的位置,如上、下、前、后,帮助幼儿理解空间。

教师可以让幼儿在音乐活动中进行一些比较活动,如高人走、矮人走等。

6. 通过艺术活动进行引导和利用

教师可以让幼儿跟着音乐唱歌、跳舞、演奏打击乐器等。

教师可以让幼儿演奏不同的乐器,探索不同的动作。

教师可以提供不同风格的音乐让幼儿倾听或拍节奏。

教师可以让幼儿进行独奏或尝试合奏。

教师可以鼓励幼儿表演戏剧或熟悉的故事,帮助幼儿学习创造性表演。

教师可以提供示范,引导幼儿学习简单的舞步(如小跑步等)。

教师可以鼓励幼儿随音乐即兴表演简单的舞蹈。

◆ 科学区活动材料投放与活动指引

1. 典型材料配备清单

测量类工具:直尺、软尺、三角板、纸条、绳子等替代物。

益智类材料:各类拼图、七巧板、迷宫、钓鱼玩具、大小不同的球、长短不一的夹子、穿线珠等。

装拆型玩具:废旧物品(小家电)、手电筒、钟、电话等。

探索类材料:磁铁、锁、齿轮、放大镜、各种镜子、回形针、天平、打蛋器、开瓶器、计时器、手电筒、电池、实验盒、昆虫盒等。

数学类材料:排序类材料、多级分类、时钟操作卡、数字点数卡、数物加减操作卡、图形拼贴卡等。

图 3-6 科学区材料

2. 通过语言活动进行引导和利用

教师通过与幼儿们交谈,帮助幼儿增加词汇量,发展语言。

教师可以和他们谈谈摸、看、听一些物品时的感受,鼓励他们大胆表达。

教师可以鼓励幼儿将看到、听到和做的事用语言描述出来。

教师可以引导幼儿用符号记录所做、所发现的事。

教师可以与幼儿一起阅读一些有关科学方面的书籍,以提高幼儿对科学的兴趣。

教师可以鼓励幼儿用自己的语言描述自己的发现,并与成人、同伴交流和分享。

3. 通过社会活动进行引导和利用

教师可以通过使用一些位置词,如车子上坡、下坡,我们站在某某后面等引导幼儿理解空间和地理方面的知识。

教师可以引导幼儿合作解决某些问题、遵守某些规则、安全使用材料,了解人们如何生活。

教师可以带幼儿参观或向幼儿介绍不同的职业和专用的工具。

教师注意观察幼儿的操作过程,鼓励幼儿分享他们的发现。

4. 通过科学活动进行引导和利用

教师可以与幼儿们讨论动、植物如何生长,如何运动。

教师可以引导幼儿观察周围事物,更多地发现周围世界中存在的生命物质。

教师可以向幼儿介绍一些物理实验方面的知识。

教师可以引导幼儿用一些物品,如水、面粉进行小实验,以便能了解更多的周围物质的特性。

教师可以借助贝壳、石头、沙、土以及其他东西向幼儿介绍周围环境。

教师可以让幼儿收集一些物质并进行分类,从中整理一些可以留下做实验的材料。

教师可以和幼儿讨论天气的变化。

教师可以引导幼儿使用各种工具和材料,以帮助他们了解各种工具的特点。

5. 通过数学活动进行引导和利用

教师可以让幼儿通过各种活动记数及统计相关物品。

教师可以让幼儿通过实际操作物品学习一一对应的技能。

教师在引导幼儿观察生命(如蝴蝶)时,可以帮助幼儿发现对称、数量等现象。

教师可以帮助幼儿认识简单的几何图形。

教师可以鼓励幼儿对自然界中的物品进行分类,如:死的、活的;有磁性的、无磁性的等。使用图表、图画等方式将发现记录下来。

教师可以引导幼儿将物体按粗细、厚薄、高矮等进行排序。

6.通过艺术活动进行引导和利用

教师可以与幼儿谈论收集到的树叶、蝴蝶等,帮助他们感受自然的美。

教师可以让幼儿用绘画或制作模型的形式再现他们的发现。

教师可以引导幼儿探索可以发声的物品。

教师可以在同样的瓶子里装不同量的水,敲击使其发出不同的声音。

【拓展阅读】

2011年10月31日,国家质量监督检验检疫总局、国家标准化管理委员会批准发布了GB 28007-2011《儿童家具通用技术条件》国家标准,该标准规定了供3—14岁儿童使用的家具及相关产品的技术规范,着重强调了儿童家具及相关产品的安全规范。

2014年5月6日,国家质量监督检验检疫总局、国家标准化管理委员会批准发布了新的《玩具安全》国家标准,该标准分为4部,分别是GB 6675.1-2014《基本规范》、GB 6675.2-2014《机械与物理性能》、GB 6675.3-2014《易燃性能》、GB 6675.4-2014《特定元素的迁移》。该标准从2016年1月1日起实施,已经使用超过十年的GB 6675-2003《国家玩具安全技术规范》随之废止。

上述的两项国家标准均为我国强制性国家标准,亦属国际贸易中的技术法规,所规定的内容和幼儿园环境密切相关,亦和本章的"材料"这一主题高度重合。幼儿园教师应拓宽自身的知识面,多加阅读了解,借以提升自身的专业性、职业性。

【考查要点】

本章的考查要点集中在材料的选择、投放和引导利用上。从历年的教师资格证考试内容来看,对本章进行考查的题目主要出现在《幼儿园保教知识与能力》科目中,出现的题目数量不多,但比较容易出现在材料分析题、活动设计题等最后的主观大题中,分值并不算少。因此,同学们需要灵活地理解本章的重难点,并且把本章的知识点代入幼儿园的教学情境中加以思考。

【真题练习】

◆ 历年真题及答案解析：

1. 2016年下半年教师资格《幼儿园保教知识与能力》真题（第1小题，单选题，3分）：

下列玩具不是从功能角度分类的是（ ）

A.运动性玩具　B.建构玩具　C.益智玩具　D.传统玩具

答案与解析：选D。

【小结】

本章从材料的功能开讲，重点介绍了材料的选择标准、材料的配备和利用方法。尤其在"材料的选择"一节中，近乎严苛地探讨了材料的安全性标准。近年来，人们对安全越来越重视，相关部门也对安全的管理越来越严格，因此，强调选择材料的安全性，既是在保护幼儿的人身和心理安全，亦是在保护各位教师的职业生涯安全。

此外，本章还列举了几种常见区域中的材料配备和利用方法，举例虽不完美齐全，但可抛砖引玉，希望各位同学结合其他章节的知识，多思考、多观察、多讨论，逐渐在自己心中积累灵活的材料配备与利用经验。

思考与练习

1. 你能在身边的幼儿园中找出一些材料的安全隐患吗？
2. 你来自何省何市何地？你的家乡有什么文化特色项目？这些项目能够为幼儿园教育提供什么材料呢？

第 4 章
区域活动的组织与指导

  区域活动开始了,孩子们根据自己的喜好自由选择了不同的区域开始玩游戏。老师发现美工区一个人也没有,于是,老师让张兵等几名幼儿过去,可是一会儿游戏就结束了。老师就从头到尾把整个游戏的玩法讲给了他们听,并给他们分配了不同的角色,在老师的辅导下美工区里的"纸箱加工厂"总算顺利开展起来了。在区域活动进行到一半的时候,老师发现美工区里乱成一团,跑过去一看,幼儿正在玩开"小汽车"的游戏呢。

  为什么美工区刚开始没有幼儿选择?在区域活动进行到一半的时候又乱作一团?应当如何制定区域活动的规则?

【学习目标】

1. 掌握幼儿园区域活动规则包含的内容及规则的建立。
2. 了解幼儿规则意识培养的方法。
3. 学习并熟练运用幼儿园区域活动组织与指导的技巧及方法。

【学习重难点】

1. 幼儿规则意识的培养。
2. 幼儿园区域活动组织与指导的技巧及方法。

【知识结构图】

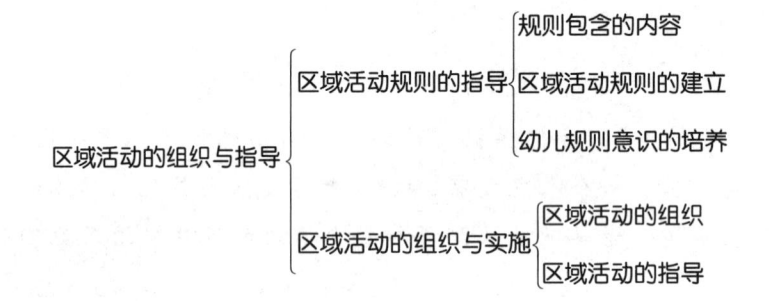

$$
\text{区域活动的组织与指导}\begin{cases}\text{区域活动规则的指导}\begin{cases}\text{规则包含的内容}\\\text{区域活动规则的建立}\\\text{幼儿规则意识的培养}\end{cases}\\\text{区域活动的组织与实施}\begin{cases}\text{区域活动的组织}\\\text{区域活动的指导}\end{cases}\end{cases}
$$

第一节
区域活动规则的指导

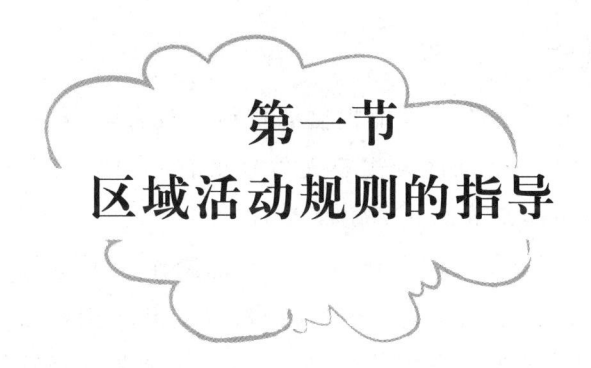

　　区域活动是教师根据幼儿的发展现状和发展目标,创设的多个领域的学习区域活动,并提供活动材料,让幼儿通过自身的摆弄、操作去感知、思考、寻找问题的答案。而教师的任务是关注幼儿在活动中的表现和反应,敏感地察觉幼儿的需要,及时以适当的方式应答,形成合作探究式的师幼互动。

　　我国著名学前教育家陈鹤琴先生曾说过:"小孩子是生来好动的,是以游戏为生命的。"幼儿就是在游戏中、在玩中一天天长大和进步的。如何使游戏真正成为幼儿自己的游戏,如何在游戏中最大限度地发挥幼儿的主观能动性,他们玩什么、怎样玩、玩多久等,这就需要教师放开手,给予幼儿自由发挥潜能的机会。

　　爱玩游戏是每个幼儿的天性,游戏一直以它独特的魅力吸引着无数的幼儿。区域活动作为一种教育游戏活动,同样受到幼儿园孩子们的普遍欢迎。它重在创设一种宽松、和谐的环境,提供丰富的材料,以及选择广泛的内容来促进幼儿发展。而教师在此过程中要做一个观察者、引导者。这样,幼儿才会学得特别轻松、自然、没有压力,他们可以做自己想做的事。这种个别化的教育形式尊重了幼儿的个体差异,满足了幼儿个体发展的需要。

　　都说"没有规矩,不成方圆",就像象棋里的楚河汉界,马路上的红绿灯,幼儿园区域活动也应有合适的符合幼儿身心发展的规则,这样才能给幼儿充分自主活动的机会,帮助他们有计划、有目的、守规则地进行区域游戏,才能让游戏进行得更加顺畅。

一、规则包含的内容

（一）人数的规定

幼儿园活动空间小，各个区域能提供的材料比较有限，再加上不同幼儿的兴趣点也不同，所以对每个活动区域规定人数是很有必要的。它提示幼儿关注游戏开展的情况，这样也能培养幼儿的协商能力。

在设计区域活动人数时，可以让每个幼儿都制作一个写着自己名字的小钥匙，在各个区域明显的位置贴好对应数的口袋，当幼儿听到音乐时把自己的小钥匙插到各区的口袋里，只要口袋插满后，后面的幼儿就要选择其他的区域进行游戏。比如，某幼儿园的"美食城"为幼儿提供了许多天津特产，十八街麻花、煎饼果子、狗不理包子、龙嘴茶汤、传统火锅等。这个活动区一直是幼儿的最爱。不管是活跃的孩子还是内向的孩子，每到区域活动开始，都争先恐后地去插卡，该区域每次都很拥挤。但是当看到区域卡插满了，孩子们就知道去别的区域玩了。

（二）游戏的玩法

每个区域活动都有相应的游戏玩法，这些玩法都可以在规则中告诉幼儿。小班时，教师大都采用图画的方式告诉幼儿；中班可以采用图文并茂的形式，但还是文字比较多，幼儿还不太看得懂，所以可以采用照片的形式，将幼儿玩耍的过程通过照片的形式记录下来，在规则区展示，这样幼儿就更加容易理解了。如某幼儿园中班上学期的时候，教师在益智区提供了系鞋带的活动，现在的孩子都不会系鞋带，在这个区域的规则中，一个老师示范，另外一个老师就将步骤拍下来展示在区域活动规则区。在活动开始时，班上的小A小朋友去益智区玩，她拿起了鞋面，开始系鞋带，可是总也弄不好。这时小B小朋友过来了，看了一会儿，她发现规则区的照片，就拉着小A的手说："我们一起去看那边的照片。"说着，两个人就看着照片一起"研究"起来，终于在区域游戏时间快结束的时候，两个人兴高采烈地过来告诉老师："老

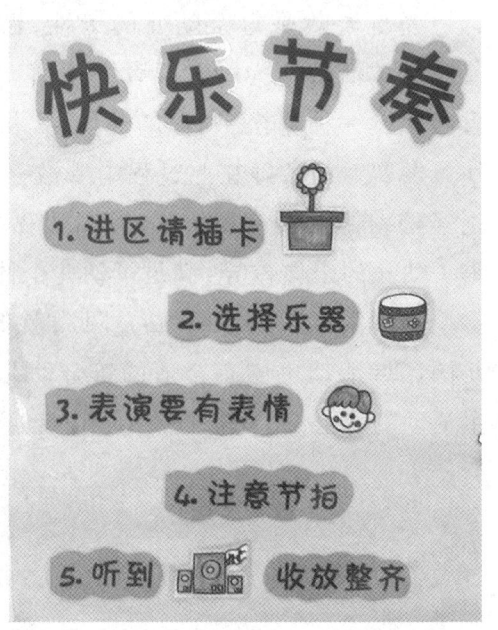

图4-1 四川省江油市东方红幼儿园表演区游戏规则

师,我们会系鞋带了。我们两个看着照片做的。"通过这个案例我们发现,在幼儿园区域活动中提供给幼儿直观的游戏玩法,不仅是有用的,而且还符合幼儿的年龄认知特点。

(三)活动中应注意的事项

在区域活动规则中提醒幼儿应注意的事项,这也是非常重要的,每个区域都会有不同的注意事项和内容。比如阅读区,教师要让幼儿注意安静地看书,不破坏书,一页一页地翻书;在美工区,要让幼儿注意使用剪刀时不剪到手,纸屑要放入垃圾桶,不能扔在地上等。某幼儿园的一次区域活动中,幼儿玩得很尽兴,音乐一响,每个幼儿都忙着收拾自己在区域活动的材料,收完后每个幼儿都回到自己的位置,等待老师的评价。当教师问今天发现了什么问题时,有一个幼儿说:"我在美发厅玩,我们旁边的美工区的小朋友玩了橡皮泥,小的碎屑都掉地上了,地上很脏。"听他这么一说,在美工区玩的幼儿马上去处理了,还一起规定了以后不管玩什么都要保持清洁。这个活动也给每位幼儿教师一个启示,在区域活动规则中要更加重视提醒幼儿注意事项。

【拓展阅读】

表4-1 幼儿园常见的区域活动规则[1]

区域活动名称	活动人数	活动规则
甜甜屋	8人(收银员、糕点师、糖果师、冷饮师各1人,顾客4人)	1.顾客进入甜甜屋后可自由挑选食品,收银员应该热情接待。(您好!欢迎光临!) 2.顾客可以选择已经做好的甜品,也可选择等待甜品师傅现场制作,之后到收银台付钱。 3.收银员应该根据顾客挑选好的甜品认真核算价钱。
美食城	8人(收银员1人、西餐师傅1人、中餐师傅1人、烧烤涮师傅1人、服务员2人、顾客2人)	1.顾客进入餐厅后,收银员热情接待(您好!欢迎光临!),并发放餐具。 2.顾客自由选择食物,注意按量取食物,文明用餐,不浪费。 3.收银员根据顾客的消费计费。(谢谢光临!请您慢走!)

---

[1] 资料来源:http://www.docin.com/p-1629544948.html.

(续表)

区域活动名称	活动人数	活动规则
娃娃家	5人(爷爷、奶奶、爸爸、妈妈、娃娃各1人)	1.每次进去5个人,自由分配角色。 2.根据分配的结果进行角色游戏。 3.家庭成员互相关爱,共同爱护家庭财产,有责任帮助、照顾家庭成员。 4.家庭成员之间要用礼貌语言进行交流对话。
天英书吧	7人(图书管理员1人、收银员1人、顾客5人)	1.顾客进入书吧之后,管理员应该热情接待,并提醒顾客遵守规则(爱护图书、脱掉鞋子、保持安静)。 2.顾客认真挑选图书,在书吧区内认真阅读。 3.管理员根据顾客阅读时间的长短进行收费。
小超市	7人(收银员1人、导购1人、理货员1人、顾客4人)	1.顾客从超市入口进店,然后进入超市自由选择商品。 2.导购员应该热情礼貌地介绍商品详情。 3.顾客选好商品后到收银台付账。 4.理货员在顾客购物后及时整理好各区域的货柜。
小医院	6人(医生1人、护士2人、病人2人、收费取药1人)	1.病人先挂号,再到医生处看病。如果医生正在给别的病人看病,病人应该等待。 2.病人经医生诊断之后,持诊断证明缴费取药。 3.护士要细心照顾病人,并帮助病人进行治疗。
汽车城	7人(经理、销售、售后、交警、服务区人员各1人、顾客2人)	1.经理热情接待进店的顾客。销售人员耐心给顾客介绍各种车辆。 2.顾客经过经理允许可以试车,但是必须爱护车辆,试车完毕及时归位。 3.售后人员可以给出现故障的车辆进行维修和保养。 4.服务区人员给过往需要加油的车辆进行服务。 5.交警指挥交通,维护秩序,保障道路畅通。

二、区域活动规则的建立

区域活动区是幼儿自由活动的场所,但自由不等于放任、为所欲为,而应该是掌握规则之后的一种自主游戏,在创设活动前就必须考虑规则问题。制定区域活动规则的主体应该是教师和幼儿,偏向某一方都是不妥的。

(一)在活动前提出规则

有些活动规则具有一定的强制性,要求幼儿在活动中务必要遵守,对于这类规则,我们可以在活动前就向幼儿提出来。比如:使用玩具时需注意卫生、安全问题,游戏结束后物品的整理、归放,活动中遇到问题应开动脑筋想办法等。区域活动规则往往不可能是一步到位的,而是需要逐步完善的。

明确规定的规则具有一定的强制性。如图书区规则:取卡进区,要一页一页地看书;看完书要放整齐,看一本拿一本;要安静地看书,不破坏图书;活动结束的音乐响起时将书放回原处。建构区规则:取卡进区,不能乱扔建构材料;不能相互丢掷;不能踩着材料走;用同伴的材料要经过别人的同意,活动结束的音乐响起时要将材料放回原处。美工区规则:取卡进区,材料要轻拿轻放,使用剪刀要注意安全;不大声喧哗;活动结束的音乐响起时将材料归位摆好。

(二)在自然活动中形成规则

有些幼儿经常会带一些自己的玩具到幼儿园,当区域活动开始时,他们就在一起玩玩具,有时是玩自己的玩具,有时是和别的小朋友交换着玩玩具。经过一段时间,教师和幼儿一起讨论,在班上逐渐形成一个全体认定的规则:无论是谁,不一定要将自己的玩具给别人玩,但是在玩别人的玩具时,一定要事先征求别人的同意。

(三)在解决问题中建立规则

幼儿在活动中遇到问题时,教师不要急着帮忙解决问题,而应当引导幼儿自主寻找解决问题的措施,并建立起相应的活动规则。比如:在建构游戏中,幼儿玩得很尽兴,可到最后却没有多少作品展示,这是为什么呢?当教师把问题抛给幼儿后,可以得到多种答案。有的说:"我搭了一间漂亮的房子,但被别人捣乱推倒了。"有的说:"收玩具时我们自己拆掉了。"还有的说:"我快搭完时,积木自己倒下来了。""那怎么才能让老师看到你们的作品呢?下次玩的时候大家来告诉我好吗?"经过多次活动后,幼儿把发现告诉教师:"玩的时候搭牢一点,建房子时在旁边建一条路,别人就不会不小心踩坏了。不要太多人挤在一起,以免碰撞。"在大家的建议下,幼儿掌握了保护作品的方法,区域活动的规则也在不知不觉中产生了。

再比如,美工区活动结束了,还有一些孩子的作品尚未完成,是否必须把材料放回原处呢?这时教师引导幼儿展开讨论。有的说:"延长区域活动时间。"有的说:"等自由活动时间继续做。"还有的说:"带回家继续做。"最后,教师综合幼儿的意见,把未完成的作品标上记号,等自由活动时让幼儿继续进行。这时教师就使用了名片,这个名片算是幼儿中途暂时离开游戏的标记,别的小朋友看到这个名片就知道是谁未完成的作品，是不能乱动的。自从执行新规则后，幼儿们的兴趣、表情发生了明显的变化，以前那种失望的表情、低落的情绪消失了，变成了期待和骄傲。这样一来，既不影响区域活动的有序进行，又能满足幼儿的兴趣和需要，同时也能有的放矢地引导幼儿逐步建立区域规则。

《幼儿园教育指导纲要（试行）》指出，幼儿园教育应为幼儿提供自由活动的机会，支持幼儿自主地选择、计划活动。为每个幼儿提供表现自己长处和获得成功的机会，增强其自尊心和自信。而区域活动以其个别化的教育形式尊重了不同幼儿的个体差异，成为幼儿所喜欢的活动之一，也为幼儿自我学习、自我探索提供了最有效的途径。但区域活动所具有的自选性、自主性、小组活动性、教育价值依托于材料的操作性等特点，决定了教师对区域活动的指导更多的只能是以间接的方式进行。再加上区域活动的组织比较复杂，尤其是全员参与式的区域活动，更需要幼儿形成"规则意识"，比如他们知道如何选择区域，如何取放材料，如何和同伴协商使用材料，如何控制自己的行为，如何向老师求助，如何保持专注的学习态度等。这就要求老师有目的地培养幼儿。那么，如何更好地对幼儿进行"规则培养"呢？

三、幼儿规则意识的培养

（一）创设良好的区域活动环境，隐含渗透规则

环境是重要的教育资源，它可以诱发幼儿的积极行为。因此，教师根据幼儿的年龄特点，有针对性地利用环境对幼儿进行规则教育，使他们在任何一个角落都有所收获，这对幼儿自主地形成规则意识大有作用。

1. 规则暗示法

所谓暗示法，是指将区域活动规则蕴涵在环境之中，让环境说话，让区域中的环境来告诉幼儿该区域的活动规则。规则的暗示包括对每个区活动人数的暗示、操作时间的暗示、操作内容的暗示等。如在每个区的入口处粘贴数字，当幼儿的自画像在数字旁插满时，其他幼儿就不能再进入该区活动了。它提示幼儿关注同伴选择游戏和开展游戏的状况，当幼儿的游戏愿望与区角环境有冲突时，要学会约束自己，与同伴协商，运用智慧争取等，学会调整个体行为。

幼儿也是一个独立的个体，"暗示"可以使幼儿在轻松愉快的气氛中接受教育，能激发幼儿无意识的心理活动，不带强制性、命令性、压制性，因而易于被幼

儿接受。同时,它对幼儿是一种无声胜有声的教育,诱导幼儿自己去思考和领悟,因此,往往能有"四两拨千斤"的功效。

2. 图示张贴法

规则的掌握与遵守不能只依靠环境暗示,有些规则可以通过图画的方式形象地表示,并张贴在适当的位置,提醒幼儿遵守。如在图书区的墙饰上粘贴怎样看书、怎样借阅的规则。教师还可将图示法应用于有关操作材料的使用和收放的规则,效果非常好。如在生活区要求幼儿有规律地串珠,教师可在墙上画一排小姑娘,其中一个小姑娘戴上一串美丽的珠子(珠子是可以更换的),要求幼儿给其他的小姑娘画上美丽的项链。在数学区给图形分类活动中,教师在每个分类盒上贴上相应的标记,这样不用老师说,幼儿自然明白

图4-2 四川省江油市东方红幼儿园音乐区游戏规则

分类的要求是什么了;在收放玩具材料中,教师将不同区域的材料归类摆放,每一类都有相应的标志,如一把剪刀的图形告诉幼儿这是放剪刀之处,贴着小鱼的筐子表示这是小鱼的家,贴着几何图形的地方表示几何图形应放的位置。这样幼儿在收放玩具材料时还可以学会分类。

3. 情境熏陶法

教师可通过创设秩序井然的教室、活动和生活情境,利用环境的约束力来促使幼儿做出规则行为,深化对规则的认识。

如在教室里设置一个"公共汽车"区,并在车门两边显眼的地方贴上画有幼儿排队上车的图片,幼儿在乘车的时候看见图标就记得要排队上车。针对抢座位的问题,在车内有意识地安排一个黄颜色的椅子,表示要给老人、孕妇和怀抱婴儿的人让座。

在有情境的社会性游戏中,幼儿通过角色扮演,模仿社会生活中人们的语言、行动,体验人们对周围事物的感受,实践社会所要求的行为规则。通过多次重复和练习,幼儿会逐渐把社会所要求的行为规则变为自己主动的行动,并迁移到现实生活中去。

（二）师幼共同协商，完善区域活动规则

区域活动既是幼儿的一种学习活动形式，也是教师所组织的一种教育活动形式。因此，在制定区域活动规则时，不能由教师单方面来完成，应由教师和幼儿在活动中通过共同协商讨论来制定。在实践中，我们总结出师幼共同制定活动规则的三个步骤。

1. 共同商讨

讨论往往围绕在区域活动中所遇到的带有普遍性的问题而展开，这种问题一般是会影响该活动正常进行，又是幼儿无法自行解决的。讨论的目的就是要建立起相应的规则来解决所面临的问题。如，有些区角因人数较多而发生了幼儿争抢玩具、学具的现象；有的幼儿在活动中无故中途退出，导致活动无法继续进行……诸如此类，教师便可以及时组织幼儿就发生的问题展开讨论。通过讨论，让幼儿明白，这一问题若不解决，将会影响到活动的正常开展；而解决问题的办法，便是共同商讨相应的活动规则。如教师在音乐区投放了许多新乐器，幼儿一到区域活动时间就争着往音乐区跑，六七个小朋友一哄而上，还出现了两人争抢同一种乐器的现象；活动结束时地面上乱七八糟，有的乐器还被放到了床底下。教师可以向幼儿提出这些问题，幼儿七嘴八舌地提出一些解决的办法，经过师幼的共同讨论，最后制定出公认的规则：第一，用名片的形式限定进入该区的人数；第二，要爱护乐器；第三，活动结束时要将乐器放进乐器箱，摆放整齐；第四，大家轮流玩。

采用这种方法制定的区域活动规则，由于是幼儿亲自参与制定的，又是他们活动的需要，因此，幼儿都能接受并能在活动中自觉地遵守。

2. 在试误中逐步形成

有时幼儿在活动中遇到有关活动规则方面的问题，教师不应急着把解决问题的答案告诉幼儿，可以让幼儿在试误中逐渐去建立起相应的活动规则。在建构区，幼儿经常会因一块积木而争得不可开交，甚至动用武力。起初，教师给孩子们制定了谁先拿到谁先玩的规则，可是在实践中发现，有的幼儿并不需要多少积木，却独占了许多，其他幼儿能玩的就少了，发生争吵也在所难免。为此，教师请幼儿参与讨论并制定建构区的游戏规则。有的说要友好地同伙伴一起建构；有的说建构中用什么形状就取什么形状的积木，不用的放回原处，地面上不得有散乱的积木；有的说建构中要尽量小心，不撞倒搭好的物体。

采用这种方法形成的活动规则,不仅能让幼儿体验到规则的重要性,增强幼儿遵守规则的自觉性,而且也有利于培养幼儿自主解决问题的能力。

3. 不断调整完善

游戏规则的建立与执行,要按照幼儿年龄的增长,不断提高要求,体现出层次性、发展性。随着幼儿年龄的增长,规则约束的范围应逐渐扩大,规范行为的难度应逐渐加深、加强。

例如,对活动类型的选择,依据幼儿的年龄应有不同规则:小班幼儿要能自选活动,玩完一种游戏再玩另一种游戏;中班幼儿则应能坚持做好一件事;大班幼儿则要求能够做事有始有终,提高质量。

(三)教师正确引导,规则长期实行

有了规则,不等于幼儿就有了符合规则的行为。还必须让幼儿主动认识、主动接受,将规则转化为幼儿的内在需要,激发幼儿遵守规则的动机。从幼儿规则意识的内容和发展特点出发,教师可利用多种方法促进幼儿形成规则意识。

1. 及时评价,正面引导

对于幼儿遵守规则的情况,教师每天要在区域活动的讲评时间进行小结,谈谈幼儿的进步与不足,给进步的幼儿给予奖励,对存在不足的幼儿提出改正希望,但要杜绝老生常谈,以免幼儿产生厌倦的情绪。

2. 尊重差异,分层指导

对幼儿来说,让他们每次都能很好地执行规则是有难度的,而且孩子间也存在性格与能力差异。因此,教师要给予幼儿时间与机会,让他们慢慢适应。比如,在区域活动时,总有一部分幼儿自控能力差、易兴奋、自我解决问题的意识不强,这些幼儿就需要教师有意识地加以引导,发挥能力强的幼儿的作用,让幼儿在与同伴的互动游戏中,获取新的经验与能力。而在这其中,教师的表扬与鼓励是少不了的。对于出现违规行为的幼儿,教师可以以参与者的身份进行语言提示,如在"水果超市"的游戏中,发现幼儿将水果随意乱放,教师可以以买水果者的身份进入游戏,"呀,这水果店怎么那么乱啊?东西都乱放的。"幼儿听了后急忙收起了乱放的水果,教师简单的话语一针见血地点出了幼儿的不良行为,并且使幼儿及时纠正了错误行为,对于帮助幼儿建立良好的规则意识有着重要的作用。

3. 以身作则，树立榜样

幼儿还没有形成自我评价体系，他是通过成人尤其是教师、父母对自己的评价来看待自己的。因为他还不了解真正意义上的对和错，这些要靠教师来告诉他。如果教师说话不算话，没有遵守一些规则，以后也许就会成为幼儿不遵守规则的原因。有的家长常常教育孩子玩完玩具要记得让玩具"回家"，把它们收拾好，而家长在家却习惯随手乱放东西。这边老师说要"把垃圾扔到纸屑里"，那边老师自己剪下的碎纸掉在地上，却没有捡起来……这些不一致的言行对年幼的孩子的影响是可想而知的。

4. 持之以恒，长效管理

规则的执行不是靠一两天猛抓就能够达到效果的，这是一个长期管理的过程。因为幼儿的年龄小，神经系统发育还不完善，自我控制能力差，很容易忘记老师说的话。所以老师需要不断提醒，让幼儿在一天天的成长中，逐步建立起规则意识，使规则成为自觉的行为习惯。

5. 及时提醒，督促执行

幼儿由于受年龄的制约，在活动中常常会因忘记规则而影响了别人的操作活动。像这种情况，教师可以采用提醒法给予幼儿适当的帮助。提醒，可以是教师对幼儿的提醒，也可以是幼儿对幼儿的提醒。

教师对幼儿的提醒方式主要有两种：语言提醒和动作提醒。当幼儿由于不懂规则而无法活动时，如在角色区中，教师看到娃娃被"妈妈"扔在地上，就走过去抱起娃娃说："呀，娃娃怎么发烧了？一定是睡地板着凉了，'妈妈'，快抱娃娃上医院吧。"这种"介入式"的行为提醒，既纠正了"妈妈"扔娃娃的行为，又丰富了游戏情节。

幼儿间的提醒一般适合于同区域活动的幼儿。由于幼儿间的提醒，是完全在一种自由、平等的关系中进行的，往往更易于为幼儿所接受。我们认为，幼儿间的提醒不仅对区域活动起到一种支持的作用，还可以促进幼儿社会性的发展。

我们应该帮助幼儿从小理解和遵守生活、学习的各项常规，培养规则意识，养成遵守规则的良好态度和习惯。如果孩子只是服从教师制定的规则，则可能只是有效于一时，而且容易使幼儿形成消极执行规则的态度。如果让幼儿在宽松、民主、和谐的环境中学会自己制定规则，引导他们关注周围的社会生活，学习遵守社会基本规则，并在成人自觉遵守社会规则的影响下，通过学习和耳濡目染，把规则内化到心里，为将来做一个遵纪守法有公德的公民打好基础。

第二节
区域活动的组织与实施

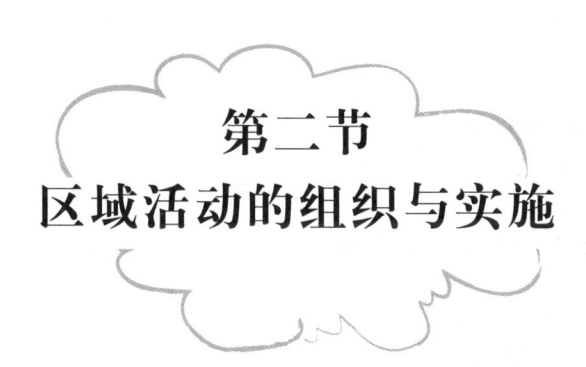

区域活动是幼儿园常用的教育活动形式之一,是幼儿自主学习及合作探究式互动学习的有效方式,主要围绕健康、语言、社会、科学、艺术等领域开展,各领域的内容相互渗透,从不同角度促进幼儿情感、态度、能力、知识、技能等方面的发展。区域活动蕴含着松散性、愉悦性、顺应儿童求知天性等特点,是培养幼儿创造力的土壤,已逐步成为幼儿园教学的主要场所,其作用、价值得到大多数人的认可。那么,教师如何来组织幼儿开展区域活动呢?

一、区域活动的组织

(一)制订区域活动计划,明确活动主题及目标

组织区域活动,首先要制订区域活动计划,在计划中,要明确活动主题,通过多少次活动来实现该主题,需要利用哪些区域,在各区域的活动目的及需要投放的材料等。如某幼儿园大三班,制订了一份区域活动计划,主题活动为"春天真美丽",共有四次活动,利用了美工区、表演区、自然科学区、图书区、益智区、制作区等六个区域。其中美工区的计划如下。第一次活动:活动目的:运用已有的绘画经验,用近大远小的方法画出窗外的景物;培养幼儿从生活中发现美、感受美的能力。投放材料:水彩笔、油画棒若干、白纸、画有窗户轮廓的图纸。第二次活动:活动目的:能用粘贴、绘画等形式制作手机。通过制作活动,了解手机给人们生活带来的便利。养成有条理的操作习惯和力求细致的工作态度。投放材料:教师与幼儿共同收集的纸盒、彩色纸、水彩笔若干、剪刀、胶棒、各种手机图片。第三次活动:活动目的:利用毛线粘贴制作有关春天景色的作品;掌握使用胶水和胶棒的正确方法。投放材料:胶水、胶棒、各种美劳材料、毛

线。第四次活动:活动目的:尝试用水粉画表达对春天的喜爱,培养幼儿的想象力。投放材料:水粉颜料、毛笔、图画纸、调色板、油画棒、抹布、吸水纸、洗笔瓶等。

(二)创设良好的区域环境

总体来说,区域活动的环境创设要围绕教育目标、教育内容的具体要求来进行,同时,又要考虑到幼儿的年龄情况、室内外空间情况,动静结合、季节、地域等具体因素。

1. 活动区与空间的关系

每个班级要根据具体情况确定活动区的数量。如果幼儿园的硬件设备较好、师资较强、空间较大,则可以多设置一些活动区;反之,需要适当减少一些活动区。有条件的幼儿园应设置共用的大型活动区,如图书馆、科学宫、玩沙区、玩水区、种植区、饲养区等,以完整的设施、丰富的材料,为各个年龄层次的幼儿提供有效的活动场所。一部分幼儿园的空间较为紧张,只能充分利用活动室、睡眠室、走廊、门厅及室外场地,相应地设置小一点的活动角,如图书角、数学角、自然角、娃娃家等,活动区的数量也要相应地减少。除了利用活动室、睡眠室、走廊、门厅等基本空间外,还要充分考虑利用各空间内部的建筑元素,如墙、门、窗、柱、台、墙面、天花板、地面等,如有的幼儿园在地面粘贴几何形体、动物脚印、数字、字母等导向标志进行认知训练。

2. 活动区的具体布局

活动区的布局应从幼儿的水平和发展需求出发,可以将幼儿的探索兴趣、经验、作品等作为区域活动布置的内容源泉,布置不要直接影响幼儿自由交谈的展开。在布置时,还要根据各类活动的教育功能及特点进行规划,如美工区、科学区等应设立在光线明亮、环境安静的位置,音乐区、表演区等场地要宽敞些;还要注意动静分开,比如音乐区与绘画区要分开,以避免幼儿进行音乐活动时声音过大而影响到绘画区的活动,使其他幼儿难以集中注意力。

3. 区域环境创设的原则

(1)参与性原则。区域活动主要围绕幼儿展开,幼儿是活动不可缺少的参与者,同时,教师和家长也要积极参与其中,如:教师发展和引导幼儿的创意,教师对幼儿自主规划游戏空间的鼓励,家长积极参加家长开放日活动,家长及幼儿积极参与活动材料的收集与准备,幼儿参与游戏环境的管理等方面。(2)发展适宜性原则。在创设活动区域时,要充分考虑到活动的适宜性,如:既要面向全体、符合幼儿年龄发展水平,又要考虑到幼儿个体差异,符合不同幼儿的发展水平,还要考虑到各班级的特色;既要让幼儿主动服从活动规则,又要能发挥儿童的主体性、创造性。(3)因地制宜原则。室外活动区域大多采用统一规划,各班级轮流使用。室内活动区域要充分挖掘每个班级环境的无限活动资源,如:充分利用原有环境与现成材料,发现和挖掘原有环境的特点,也能体现本园区的特色;在原有环境的基础上进行加工改造,重新组合;根据幼儿个性发展需要和各种活动的需要创设、扩展、延伸相应的环境。

(三)合理投放活动区材料,促进幼儿主动参与

1. 投放的材料应注意安全性

《幼儿园教育指导纲要》明确指出"幼儿园必须把保护幼儿的生命和促进幼儿的健康放在工作的首位"。这足以说明安全工作在幼儿园一日生活中的重要性。同样,在区域材料的制作和投放上,安全性应是第一位的。虽然幼儿具有一定自我保护的能力,又有参加区域活动的经验,有较强的规则意识,不需要时时处在教师视线范围内,但毕竟是幼儿,减少和消除环境中不安全因素是对区域环境的最基本要求。

为幼儿提供活动材料时,应选择无毒、无味、对幼儿无伤害隐患的原料,制作前进行彻底的清洁消毒。有的瓶、盒、罐都是幼儿从家中收集来的,我们一定不能忽视里面的残留物,时间一长会发霉,有很多的细菌。因此,教师必须和小朋友们一起做好卫生工作,把收集来的瓶、盒、罐等材料洗干净后方可使用,以免意外事故的发生。比较坚硬的易拉罐、包装盒可用彩纸、丝带等辅助材料进行装饰、改造。还可选用质地柔软的包装纸、美工纸等进行艺术加工,使其在具备教育功能的同时,充分将其艺术性展现出来,以吸引幼儿对活动材料的兴趣,使其积极地参与到活动中来,有利于区域活动的顺利开展。

2. 投放的材料应具有动态性

区域游戏是幼儿自主选择、操作、摆弄材料的过程,游戏材料是影响区域游戏质量的关键。丰富而适宜的材料为每一个幼儿提供了活动的条件和表现自己的机会。游戏材料的投放过程直接影响幼儿的发展。幼儿发展的动态性,必然要求教师在投放区域材料时考虑材料投放的过程。材料应该经常更换,这是大多数教师畅谈投放经验时最常谈到的。然而,据调查显示,繁重的工作量直接影

响了教师投放材料的数量和更换频率,也影响了活动区教育的质量。因此,一些幼儿园的活动区材料已经十分陈旧了,有的已经损坏,却还在给幼儿继续使用,不能够定期流动、更换,这样的材料很难吸引幼儿的兴趣。

3. 投放的材料应具有探究性和引导性

当前很多教师对材料的探索性理解上往往存在误区,将探索等同于一般意义上的动手操作,造成幼儿在区域活动中简单机械地重复训练,没有对幼儿的心智提出积极的挑战,使区域活动不能最大限度地引发与支持幼儿与材料之间的相互作用,引发与支持幼儿的探究活动。投放的材料不能激发幼儿动手操作、动脑思考,不能引发幼儿探究的行为,这样的材料不利于幼儿主动性及想象力、创造力的发挥。例如:在认识时钟的教学活动中,有的教师给幼儿投放一个用硬卡纸做成的时钟,让幼儿拨出不同的时间,这仅仅是一个机械的动手操作活动,不具有探索性。正确的做法是给幼儿提供钟面、时针、分针、数字等材料,让幼儿自己拼装出时钟。这就是具有探索性的活动,但往往被一些教师所忽略。

如:教师轻轻地走到玩磁铁的幼儿身边问:"你们在玩什么呢?"他们高兴地说:"老师,我们在搭高楼。"这时游戏活动已接近尾声,教师觉得这是一个很好的集体教育时机,就让幼儿保留了作品。讲评时,教师首先肯定了他们很聪明,爱动脑子,又让他们对比用积木和用磁铁搭的楼房,说一说这两种材料哪一种更适合搭房子。孩子们异口同声地说:"积木最好。"教师又有意识地碰了一下磁铁,磁铁和事先放在桌子上的夹子一下子吸在了一起。教师故作惊讶地说:"小朋友快看,发生了什么事?""吸在一起了。"教师又用磁铁和一个小铁盒一碰,孩子马上又叫起来:"又吸在一起了。"原来磁铁能吸东西,教师马上发给每人一块小磁铁说:"那咱们吸吸看,看磁铁都能吸什么东西。"于是认识磁铁的教育活动自然生成了。

4. 投放的材料应具有层次性和可操作性

教师在投放区域活动的材料时,必须考虑材料内容的深浅程度既要符合幼儿原有水平和基础,又能促进幼儿在原有基础上的提高,因此一定要考虑到不同层次的幼儿,让材料有暗示性,推动幼儿的发展。教师在选择、投放操作材料前,要预先思考,将所要投放的材料,按由浅入深、从易到难的要求,分解成若干个能够与幼儿的认知发展相吻合的操作层次,使材料细化。例如,在主题活动"秋天的树叶"中,教师可以设计"彩色树叶"这个区域内容。在提供材料时,教师可以先投放画有各种形状树叶轮廓线的白纸,让幼儿用彩笔随意地装饰;经过一段时间后,能力强的幼儿势必产生不满足,这时教师再投放可以拓印的树叶样板,同时投入彩色油画棒,让这部分幼儿自主探索,发现它的制作方法,然后引导幼儿进行装饰。随着幼儿技能的提高,我们就引导幼儿自己设计想象中的树叶。这三个不同层次的材料可根据不同能力的幼儿随机调换,灵活运用,满足不同水平幼儿的需要。

活动材料还应具有可操作性。通过操作材料能引发幼儿动手、动脑,支持幼儿与活动环境的积极互动,引导幼儿根据自己的兴趣爱好对客观事物进行动手操作和动脑思考,使幼儿在区域活动中不感到乏味。操作区的"拼汽车"就是很好的一例。幼儿在拼的过程中会不断遇到挫折,然后经过观察、思考、反复拼贴,直到成功为止。在这过程中,幼儿的判断力得到了充分的发展,各式各样的汽车激发了幼儿的学习兴趣,有的小朋友一次能拼成很多辆汽车,那种成功后的喜悦更是不言而喻了。如:某幼儿园小班区域活动"娃娃家"中,教师一学期为孩子投放的材料都是娃娃、自制的一些家具、电器等。刚入区时,孩子们还能玩一会儿,玩了一两次后他们就失去兴趣了。显然,这些可变性、可操作性不强的材料限制了孩子们的思维,他们对这种单一、枯燥的游戏材料难以维持长久的兴趣。为了让幼儿清楚地了解活动材料的难易层次,根据自己的水平开展活动,教师还可在活动前出示层次提示牌,告诉幼儿各筐中的玩具的操作方法、难易程度不同,建议幼儿在能够完成C层的材料后,再去找B层提示牌的操作难度较高的材料,去玩难度更高的A层提示牌的材料,培养幼儿自我选择的能力,在循序渐进的游戏中得到发展。

5. 投放材料的依据

(1)根据幼儿身心发展及兴趣特点投放材料。幼儿的兴趣爱好大部分取决于幼儿的年龄特点及身心发展水平,不同年龄的幼儿对玩具的需求是不同的。只有根据各阶段幼儿发展的身心需要及兴趣爱好,为幼儿选择合适的玩具,才能让幼儿在玩中学习和成长。如玩具的发放,小小班及小班主要以感觉运动类玩具为主,中班一般以象征性玩具为主,大班主要以规则性玩具为主。而超市购物、乘坐公交车等活动,主要在中班、大班进行,锻炼幼儿的识数、交际能力。

(2)根据教学计划及教育目标投放材料。在发放材料时,幼儿园要根据教学计划,按照班级规模配置各阶段必备的材料,但不是材料越多越好,过多的材料会使幼儿养成散漫、注意力不集中的习惯,会形成喜新厌旧、见异思迁的不良性格,也会养成浪费的习惯。

(3)根据幼儿的安全卫生投放材料。我国发布了玩具安全技术规范,对玩的材料、小零件、合理滥用、正常使用、形状、尺寸、强度、边缘、尖端、突出物、金属丝及连杆、弹簧等各方面做出了严格的规定,其目的就是让幼儿在享受玩具带来快乐的同时远离危险。发放的其他材料,特别是废旧材料也应如此,确保安全,避免不安全因素。

（4）根据幼儿不同的发展水平投放材料。不同的幼儿有着不同的发展水平,有些同龄幼儿也有不同的发展水平,所以,在提供材料时,不能大而化之地搞统一化,要根据不同幼儿的水平提供不同的材料,使每个幼儿都有符合自己水平的玩具,从而体验到成功的乐趣,能更加健康地学习和发展,迈向更高的水平。

区域活动不仅是幼儿获得知识的重要途径,而且有利于幼儿注意力的集中、记忆的保持,有利于培养幼儿的观察力、创造力,也有利于幼儿获得自信心与成就感。在区域活动中,幼儿自由选择活动,这样能更好地按照自己的兴趣、能力来进行活动,使幼儿体验到成功、愉快,从而激起他们对学习的主动性、积极性。然而,不可否认的是幼儿虽然具备了自主学习的能力,却不可能自然而然地进行自主学习,需要教师根据他们现有的水平因材施教,在区域活动中适时地给予孩子适当的启发、引导、激励,让孩子积极主动地活动,让他们有更多的机会自己去发现、总结,促进幼儿自主性的发展、积极性的提高。

二、区域活动的指导

（一）明确观察目的

每一次区域活动前,教师都要明确本次区域活动或本周区域活动要重点关注和观察的区域是哪几个,要重点关注的问题有哪些,要重点观察哪些幼儿。教师要明确自己要做什么和为什么而做,这样教师才会进入较好的观察状况。

1. 观察投放的材料是否具有实效性

区域游戏时,材料是幼儿活动的对象。与幼儿的年龄特点、经验、能力和需要相适应的材料能引发幼儿的活动欲望。幼儿在对材料操作摆弄的过程中,会不断地开动脑筋,积极思考,从而提高自主学习的能力。就如数学区中成品的操作材料,幼儿经过几次操作后就失去了兴趣,不愿再去操作。在区域游戏时,教师就要观察提供的材料是否能满足幼儿的需求。

2. 观察投放的材料是否具有一定的操作性

在区域游戏时,提供给幼儿的材料必须考虑其操作性。因为一些操作性不强的材料往往失去了它的意义。在区域游戏中,教师在科学区投放了放大镜。开始的时候幼儿还觉得挺新鲜的,可没过两分钟就觉得没意思,不想玩了。接下来这边转转那边转转,还要搞点小破坏。这样一来,原本有序的活动也无序了。教师观察后,下次就要在科学区进行调整,要投放操作性强一点的材料。

3. 观察幼儿与材料的互动是否具有积极性

有的区域幼儿玩过了还想玩,有的区域幼儿玩的兴致很低。这时教师就要不断观察,分析原因。根据幼儿游戏的进展,有目地投放材料。材料不能一下子就投入进去,也不能一直放着这几样不换,这样会导致幼儿的参与意识不高,满足不了他们的兴趣。材料要及时更新。我们也不能着重布置某一个区而忽略了其他区。在对新材料的投放时,教师不能悄悄地放进区域中,应该告诉幼儿。

(二)采用适当的指导策略,有效推动活动开展

1. 区域活动中教师的参与身份

在区域活动中,教师要以支持者、合作者、引导者的身份参与和指导区域游戏活动。要支持幼儿的大胆设想,鼓励他们按自己的想法试一试,在必要时给予一定的合作和帮助,引导幼儿探知事物的奥秘,培养幼儿的联想思维和创造思维。如:在科学探索区中,当幼儿忽略某些现象时,教师以参与者的身份暗示、引导幼儿关注被忽略的现象,深入探究为什么、怎么办、还有别的办法吗、能做得同别的小朋友和老师都不一样吗等问题。利用这种不断激励的方法,引导幼儿的创造欲望和兴趣,培养幼儿的好奇心和创造力,支持幼儿自主学习。

2. 区域活动中教师的指导用语

在区域活动指导中,教师要仔细观察幼儿的操作情况,对幼儿创造性的表现要给予及时的肯定,引导他们对其做出总结和升华。如:在语言区的排序讲述中,幼儿没有按照常规的摆法进行。教师可以说:"你这样排,能说出你的理由吗?"说不定孩子就会编出一个不同情节的故事。建构区中,幼儿可能摆出创造性的"怪异"物品,教师及时引导他:"说说这是什么?它有什么先进的功能?还可以怎么变?"在保护幼儿创造愿望的同时,有效激励他们自主学习。

3. 区域活动中教师的适时介入

(1)学会等待。

在区域活动中,教师要自始至终关注幼儿的活动。当幼儿出现困难时,不要

急于介入,而应给予一定的等待时间,让幼儿通过充分的操作、探索,尽可能地自己解决问题。幼儿的探索兴趣无穷无尽,他们经常会遇到自己无法解决的困难,教师这时要学会等待,只有当幼儿的探索兴趣即将消失时,教师的干预才是积极的。教师如果不耐心等待,过早介入幼儿的活动,就可能导致幼儿原本富有创造性的想象活动因一个标准答案的出现而告终。如:在智力区,幼儿探索排序的方法时,重点是要求幼儿自己寻找出物体间的规律,进行简单的排序。好长一段时间的探索,结果却不外乎 AB、BA 这几种方法,幼儿的探索热情也慢慢地消退。这时,教师适时地介入幼儿的活动,指导幼儿尝试 AAB、ABC 的排序方法,幼儿通过操作探索,发现可以根据物体的规律进行多种方法的排序。教师的适时介入拓宽了幼儿的探索途径,提高了幼儿学习的兴趣。

（2）适时促进。

在区域活动中,教师要经常加入幼儿的探索过程,成为幼儿探索、发现过程的目击者和共同参与者。因此,教师对幼儿要抱有具有弹性的可变的期望。教师不是一个教导者,而是一个促进者。教师不要生硬地去抢幼儿的"球",只在幼儿把"球"抛向自己的时候,以适当的方式去接,并以适当方式把"球"抛回给幼儿。在接抛的过程中不露痕迹地促进幼儿的发展,起到介入的目的。如:教师在美工区中投入了许多大小不一的废旧纸盒,鼓励幼儿制作玩具。幼儿摆弄着各式各样的盒子思索着,拿起笔画上眼睛、鼻子、嘴巴,使其成了盒子娃娃后,高兴地展示给教师看。教师在肯定幼儿的同时,启发幼儿将盒子组合出更多的玩具。幼儿在教师的启发下制作出手机、小轿车、卡车……教师时刻关注幼儿在活动中的创意,对于幼儿单一的盒子绘画造型给予充分肯定。在此基础上,再引导幼儿进一步尝试空间思维的探索,激活幼儿天性中的大胆想象,从而取得丰富的和更有价值的创作成果。

【小结】

幼儿园区域活动规则包含的内容有:人数的规定、游戏的玩法和活动中应注意的事项。在建立区域活动规则时要从以下几点着手:在活动前提出规则、在自然活动中形成规则、在解决问题中建立规则,同时也要在区域活动中培养幼儿的规则意识。

教师在组织区域活动时,首先要制订区域活动计划,明确活动主题及目标;其次要创设良好的区域环境;最后要合理投放活动区材料,促进幼儿主动参与。在指导的过程中,要有明确的观察目的和一定的指导策略。

思考与练习

1. 如何在区域活动中培养幼儿的规则意识?

2. 在投放区域活动材料时,要注意哪些事项?

3. 在区域活动的科学区里,老师为孩子们提供了若干拆散的手电筒零件和一只完整的手电筒。浩浩今天第一次来这儿装手电筒。他先拿起一个个零件,摆弄着,不知如何是好。只一会儿,浩浩就急着问:"老师,怎么装手电筒呀?我不会。"

"你看看这只手电筒吧!先试一试好吗?"老师边说边将那只完整的手电筒递给了他。浩浩接过手电筒仔细地观察着,还一开一关地玩着,嘴里咕哝着:"手电筒能发光真好玩,我也要装一个。"说完,他信心十足地装了起来……零件组装完毕,最后该装电池了,他就从篮子里拿两节装上。当他兴奋地推上开关时,手电筒没亮,浩浩奇怪地问:"咦?怎么会不亮呢?"他一脸的疑惑不解,接着又发出了求助信号:"老师,我的手电筒怎么不亮呢?""是呀!为什么不亮呢?"浩浩想了想说:"是不是没电了。老师,我换一下电池好吗?"

"电池真的没电了吗?"老师质疑道。浩浩不知所措,于是老师从旁边的区角中拿给他一个带有电线的小电珠,他高兴地叫了起来:"对呀!我以前玩过这个游戏,如果电池没电,灯泡不会亮,让我试试。"经仔细测试,结果两节电池都有电。这可急坏了浩浩,他小脸涨得通红,此时,老师觉得介入的时机到了。于是老师蹲下来,慢慢地将那只完整的手电筒里的电池从手电筒中滑出,两节电池平整有序地躺在地毯上,又示意浩浩将手中不亮的手电筒,也滑出电池。啊!终于发现了其中的奥秘,他恍然大悟:"原来电池要朝一个方向排队。"找到秘密的浩浩,小心地将电池朝着一个方向一节一节装入手电筒内,手电筒终于亮了,浩浩跳了起来。

问题:作为老师的你,会对孩子的问题做出如何的回应?你对这位老师的指导有什么想法?

提示:引导学生分组从区域活动指导的策略方面入手进行讨论。

第 5 章
区域活动的观察分析与评价

　　游戏是孩子自主自发、满足自身需要和兴趣的活动,在这个过程中,孩子将自己的学习品质、交往风格、游戏创意等一览无余地展现在我们的面前。观察是走进幼儿的游戏世界,读懂孩子们的生活经验、能力兴趣的起点,也是提供适宜的指导、支持,从而促进幼儿发展的起点。

【学习目标】

知识目标：

1. 了解观察分析区域活动的意义。
2. 掌握观察分析区域活动的要点。
3. 了解常用的观察方法及其优缺点
4. 了解区域活动评价的意义及内容。

技能目标：

1. 能初步尝试对幼儿区域活动进行观察和记录。
2. 能根据观察和记录对幼儿的区域活动进行分析和评价。

【学习重难点】

1. 区域活动观察方法。
2. 区域活动的评价。

【知识结构图】

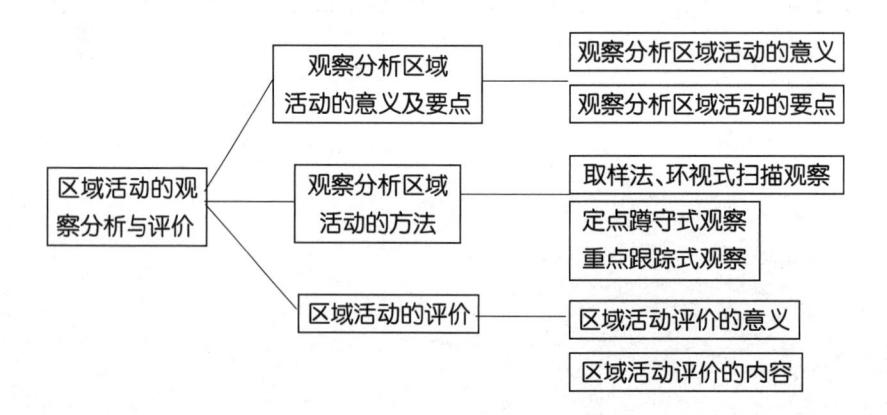

```
                                          ┌── 观察分析区域活动的意义
                  ┌── 观察分析区域活动的意义及要点 ──┤
                  │                       └── 观察分析区域活动的要点
                  │
                  │                       ┌── 取样法、环视式扫描观察
区域活动的观察分析与评价 ──┤── 观察分析区域活动的方法 ──┤── 定点蹲守式观察
                  │                       └── 重点跟踪式观察
                  │
                  │                       ┌── 区域活动评价的意义
                  └── 区域活动的评价 ────────┤
                                          └── 区域活动评价的内容
```

第一节
观察分析区域活动的意义及要点

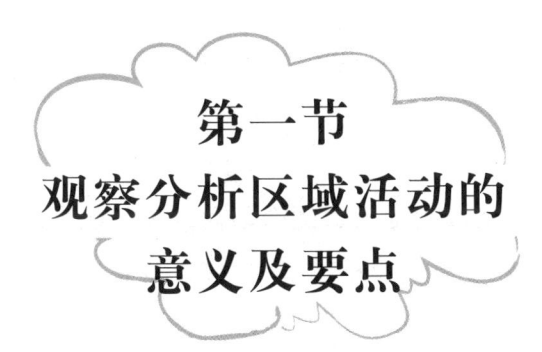

观察法是指通过感官或借助一定的仪器设备,有目的、有计划地对自然状态下发生的现象或行为进行系统的、连续的考察、记录、分析,从而获得事实材料的研究方法。教师作为幼儿区域活动的支持者、合作者和引导者,要了解幼儿的活动意图,正确解读幼儿的游戏行为,只有通过观察,才能知道幼儿活动的进展状况、材料投放和使用的情况、遇到的困难及需要的支持和帮助等,才能决定采取哪种适宜的方式进行干预,以促进幼儿活动的顺利开展。

一、观察分析区域活动的意义

(一)解读儿童行为

区域活动中,教师通过观察幼儿与环境的互动和表现,了解他的兴趣、能力。面对多种区域和大量材料,幼儿是如何选择和互动的?面对变化的环境和信息,幼儿是如何感受和表现的?幼儿在不同个体活动中呈现的诸多差异为教师解读幼儿提供了大量鲜活的素材。观察有利于教师了解幼儿身体动作、思维、语言、情绪情感、社会性等方面的发展水平,为寻找适宜的对策做准备。

(二)进行指导评价和分析反思

意大利教育家蒙台梭利曾说:"唯有通过观察和分析,才能真正了解孩子内心的需要和个别差异,以决定如何协调环境,并采取应有的态度来配合幼儿成长的需要。"因此,观察能更好地让教师了解到幼儿的发展情况,从而采取有效指导,为我们正确地评价幼儿提供真实有效的依据。

(三)及时进行区域调整

哪一个活动区最能吸引幼儿的兴趣？哪一个门可罗雀？每一类材料的使用状况如何？是否太简单？或者太难？使用频率如何？量太多或太少？幼儿在环境中是如何与材料互动的？幼儿喜欢这些材料吗？材料适合幼儿的发展吗？材料能否有新的发展？所有这一切只有通过现场的细致观察与反思，才能从中找到调整材料的依据，才能准确地投放适合幼儿兴趣与能力的生动材料，才能使材料真正成为引发幼儿探索愿望和行为、推动幼儿思维进程和发展的教育要素。

二、观察分析区域活动的要点

(一)观察幼儿的游戏状态

在观察幼儿游戏状态的过程中，对幼儿个体的观察非常重要。幼儿在和其他儿童一起时的行为表现如何？他在群体中的位置是什么(游戏的领导者、发起人、跟班)？怎样判断和处理幼儿的"游离"状态？幼儿在活动中是否专注、乐于探索？这些都与材料的丰富性、趣味性、挑战性、层次性等直接相关，涉及对幼儿现有水平的把握、对不同年龄段幼儿学习特点的分析、对材料蕴含教育目标的挖掘。丰富有趣、极富吸引力的游戏活动能很好地吸引幼儿的兴趣和产生持久的游戏状态，而了无生趣、机械的游戏规则会使幼儿的游戏状态过早"游离"。[1]

(二)观察幼儿的游戏过程及表现出来的游戏水平

幼儿的发展不是一蹴而就的。在游戏中，幼儿会用各种各样的个性化方式来表达需要。幼儿在游戏中是否表现出强烈的探索欲望，表现出的游戏水平是否符合该年龄段幼儿的普遍发展水平，这些都是通过观察所能发现的。通过观察，我们就能看到幼儿能做些什么，怎样发现问题，以及尝试怎样解决问题。

两个五岁幼儿A和B，在被装配成烧烤店的角色游戏区游戏。烧烤店里有烧烤架、羊肉串、收银机和收据本。A假扮店主，边烤串边喊道："新疆羊肉串，又香又好吃，快来买哦！"当B进店时，A对B说："小妹妹，请问你要几串？"

B回答："要2串羊肉串，多放辣椒，还要2串豆腐皮。"

A说："小妹妹，这是羊肉串烧烤店，没有豆腐皮。"

"没有啊，那我去别家看看。"B边说边往外走。

A喊住B："等等，有，我马上给你做。"说着用手比画成豆腐皮的形状并穿在

---

[1] 冉茂乾.在幼儿区域游戏中教师的观察行为与观察策略探析[J].新课程研究(下旬刊).2016(12).

小棍子上,然后在烤架上翻了几圈。

这个角色游戏中包含的关于幼儿发展的有价值信息包括:

角色定位:在游戏中有明确的角色定位,知道自己扮演的角色及其行为,并且运用了符合假装情景的措辞和术语。如"新疆羊肉串,又香又好吃,快来买哦","小妹妹,请问你要几串","要2串羊肉串"。还用语言和动作假装道具成功解决了问题。

社会性发展:两个幼儿都表现了高水平的社会能力,在游戏中自愿扮演不同角色而没有争议。当B说不买时,A并没有强迫,而是主动再做B需要的。B没有争议地接受了豆腐皮,表明她愿意妥协。两人在游戏中还有很多互动。

动作发展:A拿着烤串在烤架上烤等表明了他们精细动作的发展。

(三)观察幼儿对环境的利用

幼儿对环境的利用是幼儿与环境更深层次互动的表现,反映出环境是否真正起到支持幼儿活动的作用,这是环境创设的价值所在。游戏材料是链接儿童的内心世界与外部世界的桥梁,可以帮助幼儿捕捉自己对外部世界的印象,并将其转化为自己可理解的、有特定用途和功能的材料。如玩具娃娃和自行车是低结构材料,幼儿使用时会遵照材料的内在目的,但是他们也会将感觉投射到材料上(如玩具娃娃淘气又不听话或者苦恼又伤心),或者把材料当成实现想法、愿望或者幻想的方式来使用(自行车是飞机、玩具娃娃是警察等)。教师除了记录幼儿使用材料的技能外,还要记录幼儿对材料的感受,比如喜欢的、实用的和需要避免的材料的数量、种类、频率等。只有通过详细的观察记录,不断总结,才能设计出丰富、有趣味、极富吸引力的游戏活动。

游戏实录一:两天前参观了平行班的游戏后,马茹芸和张子琪就提出在理发店的边上再开一个美容院,今天她俩把桌子当美容床,拿出昨天收集到的美容小工具为客人服务。只见她们两个人,一人找工具,一人为颜廷筠服务,先用粉扑为她扑粉,又拿出眉笔、口红为她画眉毛、涂口红。当张子琪从美容箱里拿出面膜纸递给马茹芸后,马茹芸拿在手上反复地看了又看后,把它还给了张子琪,说:"要镜子。"然后接过镜子给颜廷筠说:"好了,你看好看吗?"颜廷筠看了看镜子笑嘻嘻地拿出银行卡,刷卡离开了。

游戏实录二:今天马茹芸和张子琪又一起做美容师了,只见她们一个为王佳怡按摩肩部,一个把一张面膜纸放到了王佳怡的脸上。一会儿又给她化起妆来。

教师分析:在美容院的游戏活动中,教师为幼儿投放了粉扑、口红、眉笔和面膜等游戏材料。其中粉扑、口红、眉笔,幼儿在生活中经常会看见成人使用,对于它们的使用方法很清楚。而教师提供的面膜纸对幼儿来说则是相对陌生的,因此在第一次游戏时,幼儿并没有使用它,而是把它弃置在一旁。经过了几次游戏,回到家中看妈妈做美容化妆,明白了面膜纸的用途后,幼儿的游戏情节开始丰富了,有按摩和做面膜了。

(四)观察教师指导后幼儿的反应

教师能否发现问题并给予适时、适度指导,是衡量其专业能力的重要标志。在游戏中是否能观察到幼儿在活动区中出现的问题,以及指导是否有启发性、是否给了幼儿自主探索的空间,同时还需观察自己的指导是否剥夺了幼儿自己解决问题的机会、是否打断幼儿游戏的思路,做到尽可能少干涉幼儿,给幼儿充足的自由探索的空间。如在游戏区,教师过多地说话可能会限制孩子的思维,还不如少说话,让幼儿自由探索。

(五)观察幼儿引发的学习

观察的目的在于了解幼儿的需求、拓展经验,支持他们的进一步学习。倾听、观察是了解幼儿需要和兴趣的主要途径,分析和解读幼儿行为体现教师对幼儿年龄特点和学习发展规律的把握,体现了教师的专业能力。关注幼儿引发学习的前提是在与幼儿的共同生活中,通过倾听、观察、分析、解读幼儿行为,了解幼儿现有的经验和兴趣,并给予适当帮助,切忌用自己认定的游戏标准去衡量、要求幼儿,给予幼儿充分的自由选择与解决的权利。

平台上的"我型我秀"的化妆间挤满了人,很多女孩都在那里挑选彩色的羽毛、腰带、帽子等,录音机里播放着音乐,然而舞台上却没有人表演。观众席上只坐了三四个人,其中有一个人没坐一会儿也到化妆间去打扮自己了。"怎么没有表演?"观众席上有人开始不满了。"我们还没打扮好!"演员们回答道。

又过了一会儿,观众席上剩下的两三个人也离开了。这时老师坐到了观众席上,问道:"表演可以开始了吗?我等了很长时间了。""开始了!开始了!"有人答应着。马上就有八个打扮各异的女孩上台表演了,"你们穿的衣服怎么都不一样呀?我在电视里看见人家表演舞蹈时都穿一样的衣服,既整齐又好看。"老师对着台上表演节目的孩子说道,台上的八个女孩你看看我,我看看你,没有一个人回答。"是不是还没准备好,我等你们一下,你们统一好服装后再表演一次吧!"没等老师把话说完,台上的八个人就往化妆间里赶了,不一会儿,每人只系了一根腰带就上台表演了。"太好了,舞姿优美,服装统一,谢谢你们的表演!"教师在看完表演后表扬了这八个女孩。观众席上的人渐渐地多了起来,舞台上表演的节目一个接一个,服装也开始统一起来了。

  教师分析:"我型我秀"的游戏开展初期,幼儿的兴趣是在舞台上表演,教师为幼儿提供了丰富的材料后,幼儿的兴趣从台上转到了化妆间,有个别幼儿把能穿的、能戴的,全部穿戴到自己的身上,导致台上没人表演,化妆间人满为患,观众看不到表演。这时教师把握住幼儿的兴趣,以角色身份对幼儿游戏进行指导,使幼儿明白了表演时并不是穿戴得越多越好,而是既要统一又要恰到好处。[①]

[①] http://blog.sina.com.cn/s/blog_62b08adb0100hgxb.html

第二节
观察分析区域活动的方法

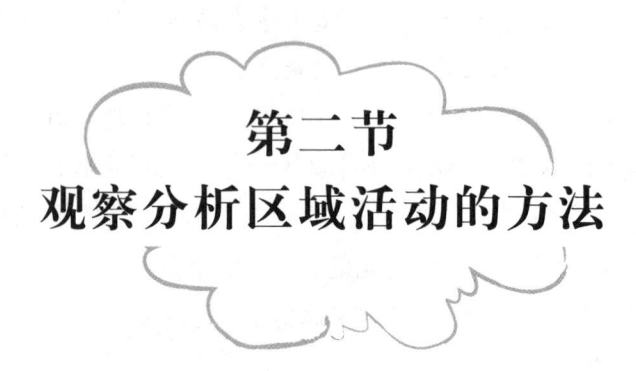

观察幼儿区域活动的方法有很多种,本书主要介绍几种常用的观察方法。

一、取样法

(一)时间取样法

时间取样法是以一定的时间间隔为取样标准来观察记录预先确定的行为是否出现,以及出现次数和持续时间的一种观察方法。这种方法的优点是在现场观察,记录简便,采取打钩的方法即可;缺点是最后获得的结果只是数字或频次,缺乏鲜活生动的幼儿游戏事例,同时,这种方法需要观察者在观察之前非常熟悉各种行为的操作定义,否则很难在短时间内做出准确的判断。

表5-1 时间取样观察记录表

观察者:徐老师		观察时间:2014.12.31		观察班级:小(2)班	
	无所事事	旁观	独自游戏	平行游戏	联合游戏	合作游戏
格格			1		2	345
红红			12		34	5
绿绿			1		2	345
黄黄			12		345	
佳佳			1	34	2	5

观察的时距:10秒钟观察,10秒钟记录,等待20秒后再观察下一个儿童(每个幼儿用时约为40秒)
观察的总时长:40秒/每人次×5人×5次/每人=约17分钟

（二）事件取样法

事件取样法是指观察者用语言描述、记录在一定时间内所观察到的幼儿游戏行为。这种方法的优点是通过详细生动的文字描述，可以使人产生身临其境的效果；缺点是在现场可能来不及详细记录，需要在观察结束以后趁着记忆犹新时立即补充，或采用录音、录像等手段作为辅助。同时，记录和描述能否达到"客观、准确、详细、生动"的要求，与观察者的立场和语言驾驭能力有一定的关系。

二、环视式扫描观察法

这种观察是以环顾四周、全局扫描的方式，面向幼儿参与活动所选择的所有区域和参与区域活动的所有幼儿进行的整体观察。一般在区域活动的开始或结束时采用，其目的在于了解和把握全体幼儿区域活动的进展和整体状况。借助这种观察，教师可以获得全班幼儿开展了哪些活动内容、集体参与活动积极主动的状态及氛围等相关信息，了解班级幼儿在主题和区域的选择上是否存在某种偏好，在某些区域是否存在扎堆参与的现象；也可以粗略了解每个幼儿在活动中参与了什么主题，充当了什么角色，使用了什么材料，身心投入的程度等。这种对于班级整体参与区域活动情况的观察和了解，可以为教师进行现场指导并确定选择哪些区域或哪些幼儿作为重点跟踪和关注的对象，提供直接的事实依据，也可以为区域活动确定恰当的结束时机，以及为活动结束后总结和分享环节的组织提供有效信息。对于幼儿区域活动情况的整体观察，也能够为今后班级区域环境的创设、规划和优化，区域材料的提供和更新，以及发动和引导班级幼儿有侧重地选择和参与区域活动等方面提供重要依据。[①]

表5-2 角色游戏观察记录[②]

某幼儿园角色游戏观察记录			
班级：中五班　日期：4月15日　幼儿游戏人数：30　记录教师：陈老师　单位：人			
角色游戏区	参加人数	内容记录	
娃娃家	6	烧饭、购物、招待客人、上班、看病	
医院	4	打针、胸透、开刀	
理发店	5	烫发、洗发、刮胡子、修理	

---

① 丁海东.区域活动现场中幼儿行为的观察与评价[J].教育导刊（下半月），2011(10).
② 施燕.幼儿园新教师上岗手册[M].上海：华东师范大学出版社，2012(12).

（续表）

星巴克咖啡	3	招待、喝咖啡
鞋店	2	给顾客照镜子试鞋
书店	4	广告、叫卖
银行	3	办理业务、安保
超市	3	收钱、整理货架

这种记录样式的好处在于,教师能对幼儿参与角色游戏的种类和人数有详细了解,可以将幼儿游戏的内容记录下来,便于活动后反思。但也有一定的不足,即教师缺乏对游戏情节发展的分析,也不能体现出个别幼儿游戏水平的发展状况。

表5-3 区角活动区观察记录

某幼儿园区角活动区观察记录
班级:中五班　班级人数:30　记录教师:陈老师　单位:人

活动区	9月4日 周一	9月7日 周四	9月11日 周一	9月14日 周四
角色区(娃娃家)	7	6	8	7
探索区(认识工具)	3	4	4	5
美工区	5	6	4	2
阅读区	10	5	6	9
绘画区	5	9	8	7

这种记录主要针对一段时间内,班级各活动区幼儿参加的人数情况记录。从中教师可以思考一些问题:幼儿主要关注哪些区域？幼儿活动的流动性情况如何？这样的信息可以提示教师根据幼儿的兴趣和流动性,去关注不同活动区材料的投放情况,并且要思考:幼儿为什么不爱去探索区？某个活动区流动性大的原因是各区域的互动不够,还是幼儿专注程度的变化？

三、定点蹲守式观察

定点蹲守式观察即定点不定人观察,即教师可以固定于某个区域进行蹲守式观察。凡是选择并进入被确定为观察区域的幼儿,都被纳入观察对象范围,而一旦离开了该观察区,就不在被观察范围了。这种观察适合有针对性地了解一个区域或一个内容主题中幼儿活动的状况,可以获得幼儿活动更加具体的动态过程。如幼儿操作材料的熟练程度,与同伴交往的言行与表情,寻求解决问题的策略方法,游戏角色的分配与扮演,游戏情节的丰富与否,活动持续时间的长短,活动目的的坚持与变换频率等。定点于某一区域的观察,主要运用于班级区域活动开始之后的展开过程中,可以全面而深入地了解班级幼儿参与某一类型活动的情况,从而把握和认识其游戏的能力水平和相关经验。这种观察可以为教师有针对性地指导某一区域的活动提供依据。对于某一区域的幼儿活动是否介入指导,什么时候介入,采用什么方式指导,均需要通过这种定点的深入观察来提供具体依据。例如,当幼儿在建构区活动中,遇到因材料选配不当而无法插接的困难,并经过了多次尝试和努力而仍无法解决的情况下,教师可以提示幼儿更换成适合的材料。

表5-4　图书区游戏观察记录①

班级	小班	记录教师	白老师
观察时间	9月3日—9月6日	观察对象	在图书区看书的幼儿
观察目的	小班幼儿怎样看书以及放书的情况		
行为记录	9月3日周一,早饭后,果果问:"老师,能看书吗?"得到确定回答后,他拿着椅子来到书柜前,随便找一个地方坐下,将摞在一起的书翻起,从中间抽出一本,放在书柜上由前向后逐页翻看。随后来了5名幼儿,随意坐好后开始翻找自己想看的书,书开始错落,孩子们开始说话,产生无序状态。收书时孩子将书随意扔在柜子上,有滑落的无人捡起,有倒放的,基本是杂乱的状态。(说明:书柜上此时无标志)。9月4日周二,早饭后,先吃完的孩子,没有请示老师,自己拿好椅子来到书柜前:"老师,这个书柜上有小点、小树、小蝴蝶……"孩子们开始找标志并说出它们的名称。发现小书封面上也有对应的图案。然后他们开始像昨天一样找自己想看的书。看得很快,走马观花,很快就换书了。我问:"你看的是什么书,里面有什么?"孩子愣愣地看着我说:"不知道。"收书时,虽然有标志但他们视而不见,像昨天一样只满足于将书放到柜子上。9月5日周三,早饭后,我没有像前两天那样让孩子随意入区,而是等他们都进完餐,讲了一个书因无法回家而伤心的故事,请幼儿发现书与书柜上标志的关系,问大家应该怎样看书?"要把书放回家""要一页一页看""不能折页和撕书"……幼儿将书拿到自己位子上,像他们刚才说的那样看书,有的边看边说出书上的内容。收书时,孩子们七嘴八舌地说着"要把书放回家"(小部分回了家,另一部分仍然比较随意,放不整齐。)9月6日周四,早饭后,只有五名幼儿进入图书区,他们是前三天放书有规律的孩子。"老师我能去吗?""你看看他们是怎样看书和收书的?"孩子说对后我请他进入图书区。他们看得比前几天更仔细,关注书里每页的画面情节了。收书时,先看的孩子开始引导并检查大家放书的情况了。"这本要这样放,那本对齐点,这本往里点……"书柜看上去整齐多了。		

---

① http://www.youshibaodian.com/a/c1e5664d-2659-45fe-a6f0-359be0f86562.html

（续表）

班级	小班	记录教师	白老师
观察时间	9月3日—9月6日	观察对象	在图书区看书的幼儿
观察目的	小班幼儿怎样看书以及放书的情况		
行为分析	从幼儿看书的特点看，他们喜欢图案鲜艳的书，特别是生活中常见到的水果、动物类的书、情节故事类书，他们只注重画面本身的有趣性，不能将情节联系在一起，除了老师反复讲过的书，他们会根据记忆进行模仿，里面的一些情节也可以讲述一些。 　　从规则上看，孩子们喜欢随意一些的气氛，他们会发现身边新的变化，但这些变化与实物之间有什么联系，还需要老师的引导和悟性好的孩子的提醒。在反复的引导下，孩子们逐渐建立图书区的规则意识。		
调整措施	规则是在观察了解幼儿的基础上建立起来的，应该顺应幼儿的需求，从他们的年龄特点看，我使用的标志是生活化的小杯子、小椅子、小汽车、小牙刷，比起简单的形状更能让幼儿感到亲切。标志也由简单到复杂，通过方位的变化、缺失图案来培养幼儿细致观察的能力和自己解决问题的能力。在每一天一点点的改变中，孩子们逐渐熟悉了解规则的内容并尝试遵守。由此我想，做任何事都不能心急，首先要了解，然后逐步改变，并给教师和幼儿彼此适应的磨合。		

四、重点跟踪式观察

　　跟踪观察即定人不定点观察。教师可以根据班级个别教育的实际需要，事先确定一两个幼儿作为观察对象，全程观察他们在区域活动中探索、操作与交往等全部行为状况。在一定时间范围内，被确定为观察对象的幼儿走到哪里，观察就追随到哪里。这种观察适合于了解个别幼儿在区域活动全过程中的情况，有助于把握个别幼儿活动的兴趣与需要及其相关的经验与活动发展的水平。在区域活动现场，重点跟踪式观察是教师对个别幼儿进行有针对性指导的前提和基础。一般而言，每个班级中都会有一两个或数个在发展上不同于一般幼儿的"特殊"幼儿，教师必须对他们进行有针对性的重点关注和指导。因此，利用自选区域活动过程，以这些幼儿作为跟踪观察的对象，对他们的活动进行适宜的介入和指导，是开展班级个别教育的需要。

表5-5　幼儿美工区游戏观察记录[1]

班级	大班	记录教师	宋老师
观察时间	12月5日	观察地点	美工区（泥工）
观察对象	淳熙	性别	女
观察目的	幼儿动手和交往		
行为记录	活动一开始，孩子们各玩各的，典典和小瞳在捏蜗牛，淳熙跟着捏了一会儿后，就开始拿各色的橡皮泥团球。典典看到了，问她在干吗。淳熙说："我不想捏蜗牛了，没意思。"典典说："那我们捏什么啊？"淳熙说："那我们问问老师吧。"小瞳放下手里的蜗牛看着我。我示意她们去看范例书。淳熙翻看了一会儿书，对典典和小瞳说："我们捏小猴子吧。"三个人各自拿了一块棕色橡皮泥开始操作。淳熙捏一下，看一眼书，典典想看，她就一把推开典典："让我先看，我一会教你。"捏了一会儿，猴子的头做出来了，她兴奋地叫起来："你们看，像不像？""真的很像。我也想捏。"典典说。"来，我教你！"淳熙兴高采烈地拿过典典的橡皮泥开始捏，小瞳也凑过来。淳熙说："我教你们俩，你们看着。先团球，再这样……"很快，她就指挥着典典和小瞳做了两个猴子头。典典说："那身体呢？"三个人又分别开始做小猴子的身体。不一会儿，桌子上的小猴子又多了几只。典典的小猴子总是往前栽倒，淳熙说："你做的猴子身体太小了，都禁不住脑袋，小瞳做的就很好，我这个猴子有点难看，哈哈哈。"三个孩子又对自己的作品进行了修改。三只可爱的小猴子并排站在桌子上，他们特别开心地召唤老师和其他小朋友来看自己的成果。		
行为分析	幼儿已经对自身能力有一个初步的判断和简单的定位，在此基础上有学习新事物的愿望，能根据示意书来选择自己喜欢并能达到的目标来进行活动。淳熙在这个过程中表现得非常有主见，做事不拖拉，有了想法就立刻实行。在其他小朋友也想看示意图的时候，她有些霸道地把示意书占为己有，并提出了折中的方案"我一会儿教你们"，缓和了有可能与同伴发生的矛盾。在自己完成作品一部分之后，也确实立刻就去教同伴，并帮助同伴分析作品的优点和不足，大家一起修改，使得同伴能够乐于和自己一起游戏。可以看出，淳熙在整个游戏过程中表现出来她的组织能力和领导能力都是比较强的，社会性发展比较好。并且她的动手能力较强，能独立看示意图完成作品。		
调整措施	1.增加示意书，便于更多幼儿一起学习。 2.增加美工区材料，如牙签、一些塑料小棒和各色的珠子，以及一些彩色卡纸。孩子们能够在需要的时候自主取用并摸索其用途。 3.引导淳熙与同伴交往时，注意语言交流的方式，不要过于霸道。		

　　观察者可以根据自己的观察目的，选择适当的方法进行观察。最好的办法是同时使用两种方法以相互补充。

---

[1] http://www.youshibaodian.com/a/fefb70ef-5ba0-475b-99ec-1b8c708edcbb.html

第三节 区域活动的评价

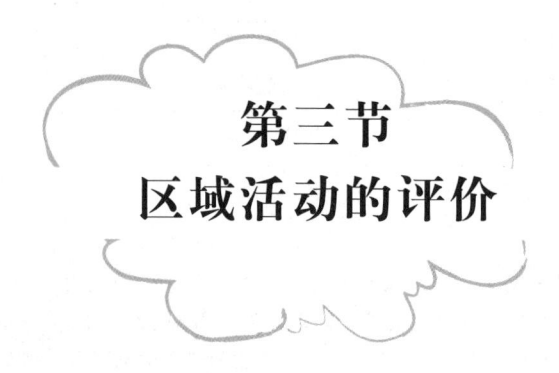

教育评价是一种对评价对象的价值判断。区域活动评价是教育评价的一种,是幼儿教师依据一定的教育价值或教育目标,运用多种记录方式,系统观察幼儿在区域的活动过程、活动结果,搜集、分析相关资料和信息,并对幼儿的表现做出价值判断的过程。在幼儿园区域活动中,评价能帮助幼儿提炼活动经验,增强他们后续参与活动的自主性;同时,它还是对教师组织区域活动水平的一种判断,从一个侧面呈现出教师观察幼儿活动的能力、分析幼儿作品及行为的能力等。

一、区域活动评价的意义

(一)评价活动是教师衡量区域活动目标实现程度的手段

幼儿园区域活动的评价实质上是衡量其实现目标程度的一种手段。每次区域活动结束后,教师应对自己的活动安排及结果有一个反思与自评。评价不仅有利于教师了解幼儿在区域活动中的行为表现、发展特点、能力与需要、个别差异等等,更有利于发现自己在区域活动指导上的经验和不足,进而及时调整活动目标,改进活动内容和指导方法,调整或投放活动材料,不断提高区域活动的质量,从而更好地开展区域活动。

(二)评价活动是让幼儿感受成功、建立自信的有效途径

在区域活动评价中,教师不应过多地在乎幼儿认知、技能提高多少,而应在乎活动过程中幼儿的情感体验;教师在评价时对优质的提问、创新的方法、成功的合作、持久的探索以及良好的习惯等都要用肯定的方式及时给予具体的评价

(如:"你真棒""哇!你的想法真奇特。""坚持了,你就胜利了。"),让幼儿充分体验在区域活动中的成就感,建立起自信心。评价时还可将幼儿的区域活动评出等级,如评选出最佳区域:操作最认真区、成果最显著区、最安静区、材料投放最整齐区、收拾玩具最好区等。这样,孩子们良好的活动规范受到了肯定和鼓励,将对下次的活动起到很大的帮助,还可通过自评和互评,让孩子们看到自己的不足,发现别人的长处,进而互相学习,共同进步。

(三)评价活动是对区域活动规则的无意提醒

幼儿区域活动的种种评价信息,不仅对幼儿活动方式有改进和调节作用,而且还能激起幼儿再次活动的愿望。评价的结果也往往影响到幼儿以后活动的情况,对幼儿进一步发展有一定的导向作用,因此,在评价过程中帮助幼儿调节行为,对树立规范化的区域活动意识也能起到很大的作用。如在玩积木活动中,幼儿玩得很尽兴,可到最后却没有多少作品呈现,为什么呢?当我请幼儿动脑筋思考这个问题时,得到的答案是多种多样的:"收拾玩具时,我们自己拆了。""别人把我的玩坏了。""我插的飞机,拿起来的时候不小心,自己散开了。"……"那怎么才能让老师看到你们的作品呢,下次玩的时候你们再来告诉老师好吗?"以后每次玩之前,我都会特别提醒幼儿一下。玩过多次后,幼儿把自己的发现告诉了我:"玩时小心一些,就不会弄坏别人的了。""插的时候要牢固些,就不会坏了。""不要太多人挤在一起玩,就不会弄坏拼的玩具了。"……在大家的建议下,小朋友掌握了保护作品的方法,爱护劳动成果的规则也就在不知不觉中建立起来了。

(四)评价活动是发展幼儿语言交流能力的机会

区域活动的评价是一种双向交流,评价方式有很多,可以全班进行,可以分组讨论,也可让幼儿自己评价,让幼儿在交流中成为主体,在讲评中充分表现自己,交流各自的经验,展示自己作品,分享同伴的快乐,教师则可以以一个旁听者、欣赏者的角色隐身于后,充满热情地肯定幼儿的表现,真正体现幼儿的主体地位。同时,通过交流分享,可以使孩子们关注所有的活动区,通过展示其他幼儿在其他活动区的活动结果,可促使幼儿产生对其他活动区的积极情感。[1]

---

[1] http://blog.tcedu.com.cn/group/71/post/15779.aspx

二、区域活动评价的内容

幼儿区域活动评价的内容可以分为幼儿区域活动游戏水平评价、教师对活动过程指导的评价以及活动区域环境创设的评价三个大的方面。

(一)幼儿区域活动游戏水平的评价

1.评价的内容

幼儿在区域活动中的兴趣偏好、认知经验水平、使用材料的情况、语言和想象力的发展、游戏持续时间等内容属于幼儿活动的一般性发展评价。在对幼儿区域活动进行全程观察的基础上,可以参照量表,对幼儿区域活动情况进行评价,进而了解幼儿活动水平的整体状况,并据此制订出更客观、更具体、更具有针对性的幼儿发展目标计划。

表5-6 幼儿游戏一般性发展评价表[①]

项目	评价标准	评分
自选情况	不能自选 自选游戏玩具 自选活动并约伴	
主题目的性	无意识行为 主题不确定,易受他人影响而变换 自定主题,能很快进入游戏情境 共商确定主题,主题稳定	
材料使用	不能用或简单重复 常规玩法正确熟练 材料运用充分,玩法多样、复杂	
常规	行为有序,基本遵守规则/行为混乱、不守规则 轻拿轻放爱护玩具/基本爱护/不爱护、乱丢玩具 及时收放,认真整理/部分做到/不能整理	
社会性行为	独自游戏 平行游戏 联合游戏 合作游戏	

---

① 北京师范大学教育系、北京崇文区光明幼儿园自选游戏课题组.幼儿园游戏指导[M].北京:北京师范大学出版社,1996.

（续表）

项目	评价标准	评分
伙伴交往	积极交往：互相谦让，轮流合作，协商解决问题 一般交往：交谈逗趣，请求询问，追随模仿 消极交往：独占、排斥、干扰、破坏、攻击、对抗	
持续情况	频繁变换游戏（记录次数） 有一定的坚持性，完成一项活动后再变换，始终持续一项活动	
其他	是否参与环境创设，与教师交往情况	
总体印象		

2. 教师评价幼儿的区域活动游戏水平

首先，教师要在幼儿游戏活动过程中，及时给予强化，以保证幼儿游戏能更好地进行下去。例如，"今天，我发现你这个'调料师'干得很出色，你把蓝色颜料和黄色颜料混合在一起，最后形成了绿色，你真能干！"这就使幼儿知道了自己所做的事情是很有价值的，激起幼儿再尝试的愿望。

其次，教师要在幼儿游戏结束的时候，给予必要的集体评价，以保证幼儿的游戏能持久地进行下去。比如，在角色游戏结束时，教师在全班幼儿面前进行了讲评，表扬"健身房"的"经理"很爱动脑筋，会招揽生意，说是"今天新开张，免费"，两位"教练"教"顾客"使用"健身器材"时，很认真、很耐心；同时，指出"建筑工地"存在的不足，有的"工人"在造"大楼"时，材料和工具置放零乱，既不安全，又影响周围环境。这样可以帮助幼儿扬长补短，提高游戏水平。

3. 幼儿评价自己的区域活动游戏水平

幼儿是评价的主动参与者。幼儿自评是指教师在观察了幼儿游戏的基础上，引导幼儿就开展的游戏进行讲述、讨论、分析。这种评价的优越之处在于：幼儿在记录的过程中，对自己的探究过程进行回忆分析，培养了幼儿的分析、综合、概括能力；通过向其他幼儿、教师及家长介绍自己的活动情况，幼儿的语言表达和倾听能力得到了很好的培养；幼儿的主动性、积极性、创造性得到了很好的发挥；真实地反映了幼儿探索、思考及成长的轨迹；为教师研究幼儿行为提供了第一手资料。

一方面，教师要让幼儿用口头语言来对自己的活动进行评价，使教师能更全面地了解幼儿开展活动的情况，为幼儿今后的游戏做更充分的准备。例如，游戏结束时,教师让幼儿说一说今天在游戏区里玩什么了;是一个人玩,还是和小朋友们一起玩的;是怎么玩的;玩得开心吗;明天还想玩什么。教师请"肯德基快餐店"的"经理""礼仪小姐"等发言,再请"顾客"讲一讲自己受到的服务如何。在幼儿评价自己时,教师可对幼儿进行教育,以促进幼儿的发展。如,当"泰迪乐唱吧"的"歌手"反映自己"今天唱得累死了"时,教师知道这位幼儿今天一直独占话筒,成了"麦霸",便说道:"你们几个小朋友如果下次再玩唱吧游戏的话,我给你们提个建议:大家轮流当歌手唱歌,这样可能就不会觉得很累,你们可以试一试,看看老师的方法灵不灵。"

另一方面,教师还要创造条件,使幼儿有机会通过书面语言,来对自己的游戏做出评价,以利于教师编写幼儿游戏成长档案,进一步提高幼儿的游戏水平。下面几张表可作参考。

表5-7 我的兴趣评价表(今天我玩过的活动区)

幼儿姓名:　　　　性别:　　　　班级:　　　　评价日期:

活动区名称	星期一	星期二	星期三	星期四	星期五	备注
角色区						
积木区						
美工区						
沙水区						
体育区						
我最喜欢的活动区是:						

表5-8 我的情绪评价表(今天我在活动区的心情)

幼儿姓名:　　　　性别:　　　　班级:　　　　评价日期:

活动区名称	很开心	还可以	不开心	备注
角色区				
积木区				
美工区				
沙水区				
体育区				
我最喜欢活动区是:				

(二)教师对活动过程指导的评价

教师的游戏指导水平直接影响幼儿的游戏行为,影响活动的质量。教师对幼儿的指导需要通过直接参与幼儿的游戏过程,具体指导幼儿的游戏,引导其深入,不断提高游戏水平。教师的直接指导作用主要表现为以下三个方面。一是引导幼儿的行为方向,依据教育目的和计划,引导游戏进程。二是促进幼儿与物质环境的相互作用。教师应发挥好自身作为幼儿与环境联系的桥梁与中介作用,激发幼儿对环境的兴趣,促进其实践与操作活动以及与周围环境充分相互作用,增长其经验。三是教师自身行为的示范、强化和情绪感染作用。教师指导的关键是激发幼儿的自主性,通过一系列具体的影响方式,充分发挥游戏对培养幼儿自主性的作用。教师对幼儿游戏过程指导的评价可参考以下量表。

表5-9 教师对游戏过程指导情况的评价表[1]

项目	内容	评分
引导游戏进程	依游戏计划引导游戏的整个过程(开始、中间、结束),使游戏顺利开展	
教师与幼儿相互作用	教师积极参与游戏,增加与幼儿的接触交往,多运用肯定互动,减少否定性接触	
指导的对象与范围	重点与一般结合,游戏过程中以面向个人的指导为主,逐渐增加对小组的指导,班级教师均参与指导	
指导方法的运用	能结合幼儿年龄和各类游戏的特点,选择适宜的指导方式,并注重综合,能运用多样化的指导方法(如及时提供材料/建议、提问/启发、提供范例/共同参与/行为示范/指导技能/利用幼儿之间相互影响等)	
指导类型或方式	指导方式为激励式(非旁观或被动反应式,又非控制导演式),注意引导幼儿发现和学习,促进幼儿游戏的深入和活动质量的提高	
游戏常规的建立	依幼儿不同年龄,引导幼儿在活动中建立必要的游戏常规,结合环境中的自治因素,引导和督促幼儿执行常规,逐渐培养幼儿在行为方面自律、自制	

(三)活动区域环境创设的评价

幼儿区域活动的环境是否具有安全性、刺激性、协调性和教育性,适合于幼儿的发展?是否能引发有益于幼儿成长的各种互动,促进幼儿的发展?教师可

---

[1] 丁海东.学前游戏论[M].济南:山东人民出版社,2001.

以从活动区和游戏材料两个方面进行评价。

1.活动区域的评价

在实际工作中,我们可以把表结合起来使用。

表5-10　户外游戏环境评价标准[①]

1.幼儿喜欢,对幼儿有吸引力,让幼儿感到安全和舒适。 2.各活动区的名称易于幼儿理解,活动区的结构方便幼儿寻找和取放材料。 3.空间安排和分割合理,有利于幼儿的活动和行走。当幼儿在互动区全神贯注地游戏时,不会受到他人活动的干扰。 4.材料丰富多彩,能够支持幼儿各种类型的游戏活动,激发幼儿探索的兴趣,支持幼儿积极主动的学习,使幼儿实践自己的想法和计划,获得多样性的学习经验。 5.玩具和材料反映人类社会和文化的多样性。 6.幼儿有独处的空间。

表5-11　活动区向度评价指标

场所	性质	多样性	简单的	复杂的	超复杂的	柔和坚硬	开放封闭	干扰隔离	低活动性高活动性	交通	幼儿人数	活动区数量
活动室												
活动区1												
活动区2												
活动区3												
独处空间												
剩余空间												

2.活动材料的评价

活动材料应注意以下几个方面:

(1)安全性。

活动材料是幼儿直接接触、摆弄的物品,为了预防玩具和游戏材料可能对幼儿造成的伤害,在提供材料时,应注意材料是否含有有毒物质,同时检查涂料是否易脱落;是否有可能割伤或刺伤幼儿皮肤或眼睛的尖锐的角、锋利的边缘,或是否有可能夹住幼儿手指、头发或皮肤的裂缝等。

[①] 刘焱.儿童游戏通论[M].北京:北京师范大学出版社,2004.

(2)发展适宜性。

可以从以下几个方面考虑材料的发展适宜性：材料的大小、易把握性和零件数量的多少；材料的逼真性程度；材料所包含的任务的难易程度。在评价材料发展适宜性时，除了考虑年龄特点以外，还要注意幼儿的个体特点，包括幼儿的能力、兴趣和发展速度方面的差异性。

(3)教育功能。

好的材料不仅应当给幼儿带来快乐，也应能够为他们提供丰富的感知觉刺激和社会文化历史经验，帮助他们认识和掌握玩具所模拟的社会生活用品的用途和实用方法，发展他们的思维、想象和创造性。因此，在评价教育功能时可以考虑如下几个方面：材料的颜色、形状、各个组成部分的关系以及玩法等是否恰当，是否能很好地、正确地表现所要传递给幼儿的概念；是否有助于发展幼儿的思维、想象和创造性；是否有助于促进幼儿人际交往技能的学习和发展；是否符合幼儿年龄特点和审美心理。

【拓展阅读】

学习故事是一种叙事性评价，通过对儿童在真实情景中的言行进行连续的观察与记录，对儿童的学习与发展做出质性的和解释性的评价。学习故事关注学习的复杂性，并最终促进儿童的学习与发展。学习故事的评价模式最初产生于新西兰，近年来对欧美的学前教育甚至中小学教育的评价产生了较大的影响。新西兰的学习故事符合当代幼儿发展评价的基本理念，对新西兰学习故事的认识和思考，能够进一步丰富我国幼儿发展的评价体系。学习故事不仅是学习评价的手段，更是一种以儿童为中心的、教师与儿童一起工作的方式。即，教学始于观察儿童的学习（注意），然后尽力去分析和理解它（识别），然后根据识别到的信息有效地支持儿童的进一步学习（回应）。

考查要点

本章的重要考点集中在各区域活动幼儿游戏的水平、观察要点和教师指导行为的评价上，在教师资格考试中主要以简答题和材料分析题的形式出现。

历年真题及答案解析

1.2016年上半年《幼儿保教知识与能力》真题

角色游戏中,大二班在教室里开展理发店主题游戏。教师为了提升幼儿的游戏水平,主动为幼儿制作了理发店价目表(见图1)。

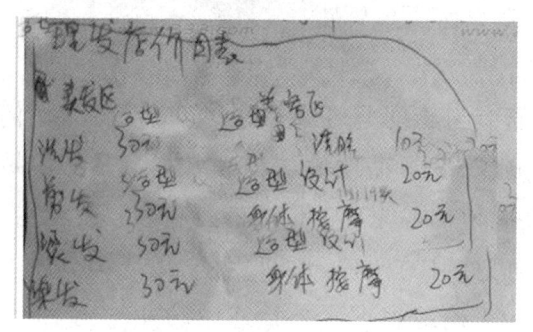

图1

请结合你对角色游戏的理解,分析教师提供价目表这一做法是否适宜,并提出建议。

参考答案: (1)该教师的做法不适宜。

角色游戏是幼儿通过扮演角色,运用想象,创造性地反映个人生活印象的一种游戏,通常都有一定的主题。大班的角色游戏的特点是游戏主题新颖,内容丰富,能主动反映多种生活经验和较为复杂的人际关系;大班处于合作游戏阶段,喜欢与同伴一起游戏,能按自己的愿望主动选择并有计划地游戏;在游戏中自己解决问题的能力增强。材料中老师创办了主题角色游戏符合幼儿的年龄特点,主题设计是比较好的。但是其做法是不适宜的,主要表现在三个方面:

①价目表的设定限制了幼儿的想象以及对角色、对生活的反映,是不合理的。

②价目表制定的内容也是不合理的,大班幼儿还不能进行10以外的加减运算。

③案例中教师的做法,没有尊重游戏的特点,没有尊重幼儿在游戏中的主体性。教师应当在尊重"幼儿游戏的兴趣和需要"的前提下去考虑和计划"教师的指导",而不是根据自己的意愿随意介入。

(2)建议

①保证幼儿的自主性。教师应根据儿童游戏的特点,引导儿童一起结合自己的经验商定在理发店内的不同服务内容及其价目,培养幼儿自己解决问题的能力。

②多用语言指导游戏,在游戏中培养儿童的独立性;观察儿童游戏的种种意图,给儿童提供开展游戏的机会和必要帮助;允许并鼓励儿童在游戏中的点滴创

造,通过讲评让儿童相互学习,拓展思路,不断提高角色游戏水平。

答题思路:根据角色游戏的重要性以及大班幼儿游戏的特点来作答,并且评析此老师没有尊重幼儿的自主性,扼杀了幼儿的想象力;应该保证幼儿的自主性,提供幼儿自由合作的游戏机会,不断提高游戏水平。

2.2015年上半年《幼儿保教知识与能力》真题

简述角色游戏中教师的观察要点及其目的。

参考答案:观察游戏是教师将前期的准备工作与后续的游戏介入连接起来的桥梁。观察应侧重于游戏与幼儿间的关系、角色与材料间的关系、游戏持续的时间、幼儿对游戏的态度、幼儿的言语及行为表现、幼儿的社会交往能力等。教师通过观察,了解是否需要增减游戏时间,游戏材料、游戏地点是否合适,幼儿是否具备相应的经验等。角色游戏是幼儿期最典型、最有特色的一种游戏。对于不同年龄段的幼儿,观察要点也要有所侧重。

(1)小班观察要点:幼儿是否知道自己扮演的角色,是否能够模仿角色进行游戏,是否能在教师的指导下遵守规则、爱护玩具。

目的:注意规则意识的培养,让幼儿在游戏中学会独立。

(2)中班观察要点:游戏主题是否稳定,有没有与别人交往的愿望,是否具备交往的技能,是否有发生纠纷的情节和原因。

目的:指导幼儿学会并掌握交往技能和规范,促进儿童与同伴的交往,在游戏中解决简单的问题,引导幼儿分享游戏经验。

(3)大班观察要点:游戏主题能否主动反映生活经验和人际关系,是否能合理地按照自己的意愿计划游戏,解决问题的能力是否提高。

目的:培养幼儿的独立性,鼓励幼儿在游戏中的创造性。通过讲评让幼儿相互学习,拓展思路,不断提高角色游戏水平。

解答思路:观察和角色游戏有机整合,这类型的题比较难。首先要分年龄段进行观察,写清楚小、中、大班观察的要点和目的,然后写出怎么做。

【小结】

观察分析区域活动的意义:解读儿童行为;进行指导评价和分析反思;及时进行区域调。

观察分析区域活动的内容:观察幼儿的游戏状态;观察幼儿的游戏过程及表现出来的游戏水平;观察幼儿对环境的利用;观察教师指导后幼儿的反应;观察幼儿引发的学习。

常用的观察方法:取样法、环视式扫描观察、定点蹲守式观察、重点跟踪式观察。

区域活动评价的意义:评价活动是教师衡量区域活动目标实现程度的手段;评价活动是让幼儿感受成功、建立自信的有效途径;评价活动是对区域活动规则的无意提醒;评价活动是发展幼儿语言交流能力的机会。

区域活动评价的内容:幼儿区域活动游戏水平的评价;教师对活动过程指导的评价;活动区域环境创设的评价。

思考与练习

1. 周老师在活动课中趁孩子自主游戏的时候,拿出手机看微信,并给有些孩子看手机上漂亮的图片和有趣的小视频。周老师的做法(　　)。
   A. 不正确,不利于公平地对待幼儿　B. 不正确,不利于保护幼儿的安全
   C. 正确,有助于拓宽幼儿的知识面　D. 正确,有助于建立和谐的师幼关系

2. 绘画时,飞飞在纸上画了一个黑色的太阳,对此李老师恰当的做法是(　　)。
   A. 批评飞飞的画不合常理　　　B. 耐心地询问飞飞的想法
   C. 替飞飞把太阳涂成红色　　　D. 要求飞飞重新画红太阳

3. 在教育活动中,幼儿园老师总是主动为幼儿提供丰富、适宜的游戏材料,并指导幼儿开展游戏,该行为理由不正确的是(　　)。
   A. 游戏能促进幼儿同伴关系的建立　B. 游戏是教师自发的自主行为
   C. 游戏需要老师的综合指导　　　　D. 游戏是幼儿学习的基本形式

4. 老师组织集体游戏时,发现嘉嘉独自一人专注地看着落在地上的小水珠,老师走过来对嘉嘉说:"还是先跟大家一起玩吧,游戏后再观察,然后把看到的告诉老师和小朋友,好吗?"该教师的做法(　　)。
   A. 保护了幼儿自主探索的兴趣　B. 保护了幼儿自主游戏的活动目标
   C. 忽视了幼儿仔细观察的需求　D. 培养了幼儿的动手能力

5. 小班幼儿在角色游戏区活动,文文在邮局里无所事事,摆弄一个称重器。在此之前,孩子们没有"邮局"这个角色游戏的经验。教师看到这种情况,拿了一个盒子走过去,对文文说:"我想把这个寄到超市去(旁边有超市游戏区),你能帮我称一下吗?"文文马上接过盒子,放在称重器上,看了一下,说:"100克!"教师问:"多少钱?""10块钱。"教师

假装付了钱,文文立刻把盒子送到了隔壁的超市。接着,有几个小朋友也学着教师的样子要将一些东西寄到旁边的医院、美容院、娃娃家,邮局变得热闹起来。

  问题:请分析在这个案例中,教师是如何干预幼儿游戏的。

第 6 章
创造性游戏区域活动与环境创设

　　孩子们在玩娃娃家的同时发现娃娃家里缺了很多东西，宝宝吃的奶粉、家里要用的日用品都没有，于是在老师的启发引导下，我们开设了超市的游戏，孩子们还是觉得不满足，他们觉得买东西的时候需要用钱，于是在孩子们的提议下开设了小银行。在游戏情节的不断发展下，我们又开设了理发店、点心店、公共汽车站、面包房、电影院、医院等。

　　这些角色区的建立，来源于幼儿的需要，符合幼儿意愿，他们游戏起来更投入，更有主动性和创造性。幼儿在自由、轻松的空间环境里很容易产生浓厚的兴趣，在兴趣的带动下能充分调动幼儿的自主性。

【学习目标】

1. 了解创造性游戏区域活动的内涵及目标。
2. 了解各创造性游戏区域活动的环境准备及材料投放。
3. 初步掌握各创造性游戏区域活动的不同指导。

【学习重难点】

1. 了解创造性游戏区域活动的内涵及目标。
2. 了解创造性游戏区域活动的环境准备及材料投放。

【知识结构图】

创造性游戏区域活动与环境创设
- 角色游戏区
  - 角色游戏区的内涵
  - 角色游戏区的环境创设
  - 角色游戏区的指导
- 表演游戏区
  - 表演游戏区的内涵
  - 表演游戏区的环境创设
  - 表演游戏区的指导
- 建构游戏区
  - 建构游戏区的内涵
  - 建构游戏区的环境创设
  - 建构游戏区的指导

第一节
角色游戏区

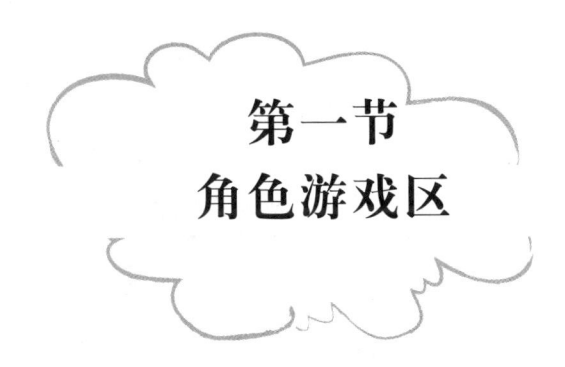

一、角色游戏区的内涵

通过创设生活化的游戏环境,投放真实的或者替代性的操作材料,引导幼儿在该区域中按照自己的意愿选择和扮演角色,设计活动情节,模拟再现他们所了解的真实的社会生活情境,并充分发挥想象力进行创造。角色游戏区为幼儿提供了交流和发展的平台,能有效促进幼儿的社会性发展,培养幼儿遵守社会规则的意识。

(1)帮助幼儿了解人际关系。通过不同角色身份的学习,扮演适当的行为方式,发展幼儿的社会性。

(2)帮助幼儿学习友好交往的技能,如轮流、分享、协商、互助、合作等。

(3)培养幼儿大胆表达个人意愿、情感、见解,能相互沟通,发展语言交流能力,实践和尝试幼儿自己解决问题的方法。

(4)发展表征能力。如能以物代物,激发想象力及创造性地反映现实。

(5)学习适度表达个人情绪,了解他人情感。能自我控制,调整与伙伴间的相互行为关系。

二、角色游戏区的环境创设

(一)创造主动的游戏环境,激发幼儿的主动性

幼儿在自由、轻松的空间环境里很容易产生浓厚的兴趣,在兴趣的带动下,能充分调动幼儿的自主性。教师在了解幼儿已有经验的基础上,引导幼儿共同

参与游戏环境的创设,为幼儿提供丰富的游戏环境及均等的游戏机会,让幼儿按自己的意愿自由选择游戏,以自己的方式进行游戏,在与材料和伙伴的相互作用中,共同分享游戏带来的快乐和学习彼此的经验,促进幼儿主动性、独立性、创造性的发展。让幼儿在自主性游戏中学习,在自主性游戏中学会做人、学会交往、学会生活。

角色游戏是幼儿自主自愿的游戏,主题应来自幼儿的需要,由幼儿自己提出,但教师要善于发现幼儿游戏的需要,适当启发幼儿游戏的动机,帮助幼儿学会确立主题。

我班娃娃家的建立,是我们创设的第一个活动区。孩子们在玩娃娃家的同时发现娃娃家里缺了很多东西,宝宝吃的奶粉、家里要用的日用品都没有,于是在老师的启发引导下,开设了超市的游戏。孩子们还是觉得不满足,他们觉得买东西的时候需要用钱,于是在孩子们的提

图6-1 江油市外国语幼儿园

议下又开设了小银行,在游戏情节的不断发展下,我们又开设了理发店、点心店、公共汽车站、面包房、电影院、医院等。这些角色区的建立,来源于幼儿的需要,符合幼儿意愿,他们游戏起来更投入,更有主动性和创造性。

(二)提供适宜的游戏材料,激发幼儿的积极性

1. 材料的提供要具有操作性和开放性

我们开始投放角色区游戏材料时,认为游戏材料投放越多、越真实、越漂亮,孩子们会越喜欢。如"点心店"里的食品全是教师精心收集来的各种食材,饮料罐、优惠券,图案非常逼真。我们通过观察发现,孩子们在游戏过程中,"娃娃超市"里卖的东西由于不需要孩子们制作,所以厨师常常没事干,刚开始由于物品形象逼真,孩子们还比较感兴趣,但时间一长孩子们就失去了兴趣。这些材料虽能吸引幼儿注意,短时间内激发幼儿游戏的兴趣,时间一长,由于以物代物活动少,幼儿创造性体现不足,游戏兴趣便很难维持。我们辛辛苦苦准备的材料,孩子们欣赏几天就不再理它们了。于是我们就尝试减少游戏材料,然而材料一下子从多到少又不能满足幼儿需求,我们便在"点心店"中提供了许多半成品。一开始,幼儿用橡皮泥加工出了面包和点心,点心种类也丰富了起来,做出来的作品也越来越逼真了。孩子的兴趣也越来越浓厚。半成品和废旧材料更有利于幼

儿在游戏中以物代物。半成品材料会使幼儿在玩时任意组合、加工和变形,自己变出多种玩法。这样幼儿就会在摆弄中积极思考,充分想象,创造性地开展游戏。比如,点心店的厨师小乐找来了几个小瓶子当作调味料的瓶子;利用一些小瓶子,当作酱油瓶与醋瓶放在餐桌上供客人使用。又如,娃娃家中,佳佳扮演的小妈妈用玩具积木给家里添置了饮水机,她说这是给客人喝水用的;小俊用纸盒做了电视机和电视遥控器,他说这样客人到家里就有事情做了;理发店的小朋友又找了个大纸盒说这是烫头发用的机器;等等。通过以物代物,既丰富了幼儿游戏材料,又发展了幼儿想象力,同时能调动幼儿游戏的兴趣和积极性。

2. 提供的材料应根据幼儿游戏的发展进行不断调整

材料太多,幼儿不知玩什么好;材料太少,又不能满足幼儿游戏的需要,教师应注意在游戏中观察幼儿游戏的情况,按需要随时增减材料,引导游戏情节的进一步发展。

一天,我(教师)扮成顾客去理发店理发,理发师问:"你要理发还是要洗头?""我要烫卷卷的头发。"理发师又问:"你要烫怎么样的卷发?"教师启发说:"我也说不清楚,要是让我看到发型我就知道了!"那怎么办呢?理发师犯愁了,在讲评时,小琳说:"我陪我妈妈去烫过头发的,他们有一本很漂亮的书,里面就有很多很多的发型。""我知道,我也看到过的。""老师,我们也来做一本发型的书吧。"于是我和孩子们一起设计起了发型,为此我们还专门进行了一个设计发型的活动。我把设计好的发型装订起来,就成了一本精美的发型目录了。于是,发型目录就在幼儿游戏中使用起来。

又如:一天,小宇在玩面包房游戏的时候说:"昨天,我妈妈带我去'克莉丝汀'了,我看见那里有许多挂在墙上的大图片,上面还有许多数字,妈妈说那是广告,告诉我们哪些东西是便宜的。我们的面包房里也有很多便宜的东西,可是,我们没有做广告,小朋友们都不知道。"于是,我又根据孩子们的要求在墙上贴上了许多手工纸,让孩子们自己来做广告。但是教师有时不知道孩子在游戏中会出现什么问题、需要什么,不能及时增加材料。为了及时地找到所需要的材料,教师和小朋友共同协商,决定在活动室的一角设立百宝箱,这样就能方便幼儿寻找替代物。例如:娃娃家来了客人要吃肉包子,可是"点心店"和超市都没有卖,娃娃家爸爸让超市的工作人员进点面粉来,不一会儿超市工作人员就从百宝箱找来了橡皮泥卖给娃娃家。娃娃家妈妈用买来的橡皮泥捏成包子的样子,满足客人的要求,客人吃到了肉包子非常开心。只靠老师收集百宝箱里的物品显然不够,我们发动家长为幼儿一起收集大量的废旧玩具材料投入百宝箱,为幼儿游戏增加辅助材料。如:易拉罐、饮料瓶、纸盒、挂历纸、白纸、蜡笔、扭扭棒、积木等低结构玩具,这些都成了百宝箱内的多功能材料,方便了幼儿根据游戏需要进行选择。

(三)游戏环境的创设要满足幼儿发展需要,体现层次性

幼儿与幼儿之间是有差别的,发展的速度是不一样的,因此,创设游戏环境时既要考虑发展快的幼儿,也要考虑发展慢的幼儿,还要兼顾有特殊需要的幼儿,使每个幼儿都能在适宜的环境中获得发展。例如:在理发店中,我提供了各种不同种类的夹子,有操作较为简单的,也有操作相对较难的,使每个幼儿都能找到自己运用的操作材料,这样能力不同的孩子都可以使自己的小肌肉得到发展。

总之,要创设一个良好的角色游戏环境并不是一蹴而就的,要以幼儿为主体,让幼儿自主探索与创造,从而有利于幼儿各方面能力的发展。

三、各年龄班角色游戏的指导

对于角色游戏的正确指导,主要在于帮助幼儿按自己的愿望和想象自由地开展游戏,充分发挥幼儿的积极性、主动性与创造性,使幼儿能够极有兴趣地努力在游戏中进行学习,发展情感与培养能力。

不同的年龄阶段,幼儿的发展水平也不相同,角色游戏的水平也在不断提高。从无目的到事先计划好,从由老师带着玩到自己提出游戏主题、装扮游戏角色再进一步发展到带领别人玩,从摆弄物品、旁观游戏到单独游戏、平行游戏再到联合、合作游戏。教师应充分了解幼儿的发展水平,在指导他们游戏的时候才可能做到有针对性,贴近幼儿的实际情况;才可能促进幼儿在角色扮演、游戏内容、游戏技能和游戏的主动性、积极性、创造性及组织能力等各方面得到发展,才能达到良好的教育效果。

1. 小班

小班幼儿对角色游戏是很感兴趣的,但他们常常会忘掉自己的角色。所以,对于小班幼儿的角色游戏的指导应着重于增强他们的角色意识。教师可以通过提供角色的标志物,比如妈妈的头巾,爸爸的手机,医生的白大褂、听诊器等,让幼儿明确自己的角色;也可以通过语言的启发和自己的加入来提醒他们。例如,

娃娃家的"妈妈"跑到别的地方玩去了,这时教师可以对她说:"你的宝宝一个人在家哭呢,你快回家去看看吧!"并启发她出门可以带着"宝宝"一起走或者教师自己作为"客人"去她家做客,使"妈妈"回到角色中来。

在小班的角色游戏中,教师还应该通过指导、帮助,启发幼儿回忆已有的感性认识,丰富他们的角色行为和语言,逐步充实游戏的内容和主题,培养幼儿独立游戏的能力。例如,一位幼儿到娃娃家当爸爸,可是他在娃娃家里东摸摸西摸摸了半天,也不知道可以做些什么。这时,老师走过去对他说:"你想想,你的爸爸在家都做些什么呢?"他想了想说:"写字、看报纸。"老师又说:"那你也可以做这些事情呀!"这位幼儿听了老师的话,开心地跑走了,坐到了娃娃家的小椅子上,拿了一本书看了起来。后来这位幼儿又在老师的启发下,去帮娃娃家的"妈妈"烧饭,还帮"娃娃"洗澡。

小班幼儿在游戏中往往同时扮演相同的角色。例如,一个娃娃家也许有2~3位"妈妈",或好几个"爸爸"。这是由幼儿年龄特点所造成的,教师不用去干涉,应顺其自然。

2. 中班

中班幼儿常常是一边游戏一边想下面的情节,还没有具备事先计划、商量、设计出游戏过程的能力。因此,对于中班幼儿角色游戏的指导应侧重于加深他们对角色的理解,要求幼儿能较正确地反映出角色特有的行为和语言,并能创造性地表演。例如,"在医院"的游戏中,一开始"护士"只知道给"病人"打针、发药、测体温。后来老师启发他们想一想护士应该是怎样对待病人的呢?她还可以怎样照顾他们呢?于是护士便想到去搀扶病人,叮嘱他们吃药,陪病人检查等游戏情节。

在游戏中,教师还应鼓励幼儿共同游戏,启发幼儿创造与固定角色有关的其他角色,并通过活动加强角色与角色之间的交往与关系,从而增加角色游戏的集体性和互动性。例如,在"幼儿园"的角色游戏中,除了有"老师""小朋友"以外,还可以有"厨师""保健医生"等角色的加入。

3. 大班

大班幼儿对于角色游戏的经验较丰富,反映的主题也较多样化,游戏的内容充实、有新意,角色较多,能体现一定的社会性,且独立游戏能力强,在游戏前能自行设计游戏情节,通过彼此的商量、协调分配角色。因此,大班幼儿角色游戏指导的重点就应放在激发幼儿角色游戏的创新意识,以及培养幼儿在游戏中自己解决问题、矛盾的能力上。

在大班的角色游戏中,可以鼓励幼儿为开展游戏自己制作玩具。例如,为邮局制作信箱、邮筒、邮包、邮票、印章,为图书馆制作卡片、借书证,为照相馆制作相机、相片等。

【真题练习】

2012年6月幼儿园教师资格考试《保育知识与能力》真题。
单选题
1.幼儿园的"娃娃家"游戏属于(　　)。
A.结构游戏　B.表演游戏　C.角色游戏　D.智力游戏
答案:C

2013年上半年幼儿园教师资格考试《保教知识与能力》真题。
单选题
2.某教师针对不同发展水平的幼儿提供了不同难度的操作材料,这遵循了(　　)。
A.活动性原则　B.直观性原则　C.整体性原则　D.因材施教原则
答案:D

第二节
表演游戏区

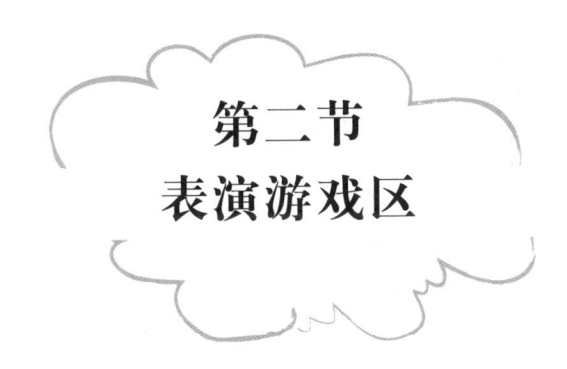

一、表演游戏区的内涵

表演游戏是按照童话、故事中角色、情节和语言,进行创造性表演的游戏。表演游戏是深受幼儿喜爱的一种游戏,它是幼儿以故事(儿童自己创编的或来自文学作品)为线索展开的游戏活动。

因此,表演游戏区是兼有游戏性与表演性,又以游戏性为主的活动区域。在表演游戏区里幼儿会自娱自乐,即使没人看,幼儿也会饶有兴趣地进行表演。

(一)表演游戏有利于幼儿自信心和独立性的培养

幼儿都是希望得到他人的认同与赞美的,在小小的舞台上他们通过表演获得了观众的阵阵掌声,在心理上获得成功的体验与对自我的肯定。在表演过程中,幼儿逐渐克服羞怯、胆小,获得游戏的愉悦感,增强了幼儿的自信心。表演本身就是一种艺术活动,它有助于发展幼儿的表演才能,给幼儿以美的享受。

(二)表演游戏可以促进幼儿想象力的发展

表演游戏进行的过程,也是幼儿进行想象的过程。幼儿所扮演的角色是假的,他们所用的道具也是假的,但他们却要当作真的来对待。这种以假当真的活动,只有依靠想象才能进行。同时,表演中对话、动作、情节等的增减或者语词的替换,也需要幼儿充分发挥自己的想象力。

(三)表演游戏可以促进幼儿语言发展

表演游戏对幼儿的语言发展有突出的作用。随着幼儿表演能力的提高,他们会自发地进行一些故事表演，而文艺作品中生动、优美的语言，特别能吸引幼儿。幼儿在表演过程中，要熟记作品中的语言，掌握正确的语音，富有创造性地表现符合角色性格特征的语调和表情，这些都有利于提高幼儿的语言表达能力。

（四）表演游戏还能锻炼幼儿的人际交往的能力

表演能使幼儿具有共同的体验，协调一致的行动，它有助于培养幼儿的集体观念。表演区游戏的开始阶段，孩子还处于平行游戏的阶段，只能在主持人的组织下，进行简单的个人表演，随着能力的不断提高，孩子们能进行初步的合作，比如一个小朋友演唱，其余的幼儿拿着小乐器伴奏，或者进行两个角色的对话、表演，最后幼儿会进行多角色协同游戏，这时需要各角色互相配合，这就要求表演的幼儿要互相交往、沟通、合作，从而锻炼幼儿的交往能力。

表演是幼儿对于已有经验的一种再现，这种再现的过程本身对于幼儿来说是多种能力的学习和锻炼的过程，也是幼儿获得各种有益的学习经验的过程。中班幼儿的表演正经历从一般性表现到生动性表现的发展过程。但是，幼儿自身并不能完成从一般性表现到生动性表现的提升，也不能完成从目的性角色行为到嬉戏性角色行为再到更高水平的目的性角色行为的发展。这就决定了教师对幼儿的表演游戏进行指导的必要性。

二、表演游戏区的环境创设

（一）幼儿园独立大舞台

有表演就有舞台，我们需要为幼儿营造表演游戏的氛围。幼儿园可以寻找一个可供所有班级循环使用的独立大舞台。各班幼儿可以根据表演的需要选择使用舞台。同时，利用各种材料制作花草、树木、栅栏等背景装饰、布景等。在日常生活中，为幼儿制作或收集一些角色造型、服饰等，投放头饰、手偶等道具到大舞台中。

（二）各班室内表演区

幼儿的表演游戏需要一个安全、有趣、稳定的环境，因此要为幼儿准备封闭或半封闭的空间，这个空间最好在一定时间内是固定的，如，每周五下午在室内表演区活动，这样可以给幼儿一定的认同感和安全感。同时，保证幼儿有不少于30分钟的游戏时间。在表演区游戏中，材料的提供是对幼儿活动的支持，是表演的基础。因此,什么时候提供什么样的材料,应当根据幼儿活动的实际需要。为幼儿提供的材料除了必需的话筒、头饰、小乐器之外,还可以提供诸如纸、笔、盒子、木板这样的原始材料,让孩子发挥自己的潜能,学习以物代物的表演。当幼儿还没有产生对材料的需求时,教师不必立即呈现自己认为必要的材料或道具。在幼儿眼中,教师事先准备的精美的道具并不比他们自己制作的道具更具吸引力,而制作道具过程本身就是一个可以给幼儿带来快乐、蕴含着丰富的学习机会的一种活动,教师不能为追求表演结果或节省时间而省略这个颇具教育价值的环节。教师可以为幼儿的探究提供更多的机会和可能性。

(三)心理环境创设

除了物质的准备,心理环境的营造也至关重要。到了中班的孩子,往往通过他人的评价来形成自我认识,因此,在游戏过程中,应重在观察幼儿表演,倾听幼儿的心声,淡化表演的结果。关注幼儿的表演并不是对他们的表演进行过多的指导、干预以纳入教师自己的意图,而是强调教师的观看和倾听,让幼儿觉得别人承认自己的存在、知道自己的思想,让幼儿有充分的时间和自由进行表演,心理无压力和负担。教师不是裁判员,而是当儿童需要借助一个手势、一句话时他们可以去寻求的资源。只有理解教师的角色,才能在关注幼儿的表演时,主动营造宽松的氛围,让幼儿感受到教师重视他,允许他自由表达自己的想法与创造。

三、表演游戏的指导

表演游戏是幼儿根据文艺作品中的情节、内容和角色,通过语言、表情和动作进行表现的一种游戏,是幼儿喜爱的游戏之一。幼儿的表演游戏融想象、创造于一体,对幼儿创造能力的培养与发展起着不可低估的作用,表演游戏还能锻炼幼儿的人际交往能力,促进幼儿集体观念的发展和幼儿良好个性品质的形成。为了使幼儿能更好地进行表演游戏并能在游戏中得到发展,教师应对表演游戏进行正确的指导。

(一)内容的选择

选择内容是表演游戏中的一个必要环节,教材内容是否适合幼儿的年龄、心理特点、直接影响幼儿参与游戏的积极性。凡是幼儿熟悉并喜欢的故事、童话、诗歌等儿童文学作品及幼儿周围生活中有趣味、有意义的人和事都是幼儿表演的基本素材。幼儿在初次接触表演游戏时,应选择角色个性鲜明、情节简单,拥有趣味、动作性强,对话多次重复、语言朗朗上口的儿童文学作品。所以,我在组织幼儿进行表演游戏前,经过仔细揣摩和反复筛选,选择了故事《三只蝴蝶》、《小羊和狼》这两篇作品,如《三只蝴蝶》中,有孩子们常见的、较为熟悉的蝴蝶,故事中"蝴蝶飞呀"动作性强,适合幼儿爱动的特点,又易于表演,故深受幼儿喜爱,通过游戏,能使幼儿获得同伴间相互关心、相互爱护的体验。《小羊和狼》有幼儿熟悉并使人们憎恶的"大灰狼",还有孩子们喜爱的"小狗""小羊""小马""大象"等动物,情节简单,角色对话多次重复,如"小羊,小羊,你为什么哭呀?""不要怕,晚上我来帮助你",特别适合幼儿的语言特点。如"我用嘴咬它""我用爪子抓它""我用腿踢它""我用鼻子把它卷起来"等,动作性极强。在表演游戏过程中,孩子们不论是自己表演还是观看他人表演,都会使气氛活跃,情绪高涨。游戏体现了孩子们合作表演的乐趣,并使幼儿懂得团结起来力量大的道理。待幼儿对作品表演游戏掌握了一定的技巧后,就要为幼儿选择情节复杂、篇幅稍长的作品,但必须考虑内容的趣味性、动作性和思想性等几个方面,如故事《金鸡冠的公鸡》《小蝌蚪找妈妈》《狐狸和乌龟》等作品,都比较适合幼儿表演,并深受孩子们的喜爱。因此,在表演游戏内容的选择方面,只要注意以上几个方面,在活动中定会激发幼儿积极参与,并能在游戏中获得最大的快乐和满足。

(二)游戏中具体环境的创设

具体环境的创设是表演游戏开展的一个重要环节,在创设环境时,教师应启发幼儿根据表演的主题和情节,认真思考,共同创设有关的环境,为幼儿提供多种辅助材料,和孩子们一起商议并制作道具。如:幼儿在熟悉故事内容《三只蝴蝶》后,我们和孩子们共同商议,用彩色纸、皮筋等材料制作了红、黄、白颜色不同的许多花朵,孩子们用多种方法,通过折(蝴蝶)、剪(小草)、涂(花朵、太阳、乌云)、画(小鸟)等方法创设了适合故事内容的良好环境。

在故事《小羊和狼》中,根据表演内容和情节,我们利用旧挂历纸、鲜艳的彩色塑料袋,根据动物的特征制成了服装,用旧丝巾剪成了动物的羽毛,还用废旧的长筒袜填充丝棉做成小动物的尾巴、鼻子(大象)等,孩子们还用泡沫板拼出小河(有的幼儿画出小河,还有的幼儿用彩色纸剪成条,贴在地上充当小河),用积木搭成房子、大树等。在表演活动中,孩子们还可用辅助材料充当教具,如:用饮料瓶当话筒,用塑料块当灶台,用纸壳当房子的门等。在制作道具的过程中,要根据情节发展的需求准备材料,道具不必过于精致、鲜明,以免影响游戏的开展,并可以物代物,稍有象征性即可。随着游戏的进展,教师应随时教会幼儿一些制作道具的方法,如教幼儿利用废旧报纸、挂历纸、塑料纸(袋)折叠后,剪出并制作简易服装、手指玩偶、头饰、帽子、拖鞋等,以便幼儿参与不同内容的表演,如:时装表演、桌面游戏、戏剧、小品等。有的幼儿还不断地将家中不用的头巾、帽子、眼镜、小拎包、玩具手枪及各种小制作整齐地摆放在活动区,使活动区的材料更加丰富多彩,为表演游戏的开展提供了良好的条件。一系列动手、动脑及表演活动,激发了幼儿参与表演游戏的兴趣。

图6-2　宁波市民安幼儿园"人人都是小演员,人人都上小舞台"活动

(三)游戏过程的组织与指导

选择了适合幼儿的文学作品,就要制订一个详细的实施计划,帮助幼儿熟悉、理解作品,并根据幼儿对作品内容的理解和游戏情况及时调整、修改计划,以便于游戏的顺利开展。不同的作品组织形式也有所不同。如:在故事《小羊和狼》中,由于角色数量所限,幼儿理解故事内容后,开始时以观赏性表演为主,然后以小组的形式进行表演。这种活动便于教师指导,有利于提高幼儿的游戏水平。为了更好、更有趣地开展游戏,我们经常和孩子们讨论某个动物的表情、形态、语调(叫声)、眼神,在这个游戏中怎样去表现更逼真等。

对于篇幅长、情节复杂、词汇多、易混淆的语句,就应采用分段讲述的方法,以便幼儿更好、更快地理解故事,为作品表演打下基础。如:在故事《金鸡冠的公鸡》中,"走过黑幽幽的森林,跨过急腾腾的河流,翻过高耸耸的山头"容易混淆。猫和画眉鸟第一次砍柴是"叮嘱公鸡",第二次砍柴"严厉地叮嘱公鸡",第三次砍柴"非常严厉地叮嘱公鸡"等,在组织幼儿复述时,采用分段讲述,每讲述一段,给幼儿提出问题,留下悬念,这样幼儿对故事内容、情节、印象较为深刻,便于幼儿复述。故事讲完后,把教学图片展现在幼儿面前后,他们就会根据图片内容完整地复述了,效果很好。

幼儿已掌握了一定的表演技能,游戏中选择了自己喜欢的头饰、教具,并按自己的意愿选择角色进行表演,大大提高了孩子参与游戏的积极性。为了提高孩子们的兴趣,满足幼儿表演的愿望,老师还经常为孩子们提供内容不同的音乐磁带,孩子们自编自演了许多作品,如:《狐狸和乌龟》《金色的房子》《生日舞会》等节目。根据幼儿游戏和创编情况,教师在游戏后应进行及时评价,肯定孩子们的优点,对他们在游戏中的创新意识给予肯定,并组织相互评价。然后教师进行小结,为不同发展水平的幼儿提出不同的要求,对不足之处提出建议和幼儿共同商议,使孩子们在下次表演中形象更逼真、更具有创造性。

(四)创作表演的肯定

作品表演游戏也离不开创造,同样一个作品,一个角色,几个孩子,每次游戏的表演都有不同的效果,这时,教师应及时肯定幼儿的创作,让幼儿顺利由作品表演向创作表演过渡。如在故事《小羊和狼》中,游戏开始是旁白:"一只小羊在河边喝水,一只狼走过来……"一个扮小羊的幼儿在喝水,一个扮大灰狼的幼儿模仿大灰狼走过来。孩子们在游戏中是这样表演的:"这里有条小河,河水清清的,我就在这里喝点水吧!"边说边喝起水来。故事最后一句(旁白)"大灰狼掉到河里淹死了"被幼儿改编成:小动物看见狼掉到河里后,大家拍着手说:"噢……大灰狼淹死了,小羊又可以到河边喝水了。"充分表现了"大灰狼"被淹死后,孩子们的快乐心情。

由于对表演游戏已产生了浓厚的兴趣,孩子们按自己意愿创编了戏剧《龟兔赛跑》《快乐的圣诞节》,哑剧《小土坑》《谁对谁错》,舞台剧《好朋友》等节目,充分展现了孩子们的表演才能,满足了他们的表演愿望并愉悦了他人,丰富了幼儿的生活经验,为不同发展水平的幼儿提供了合作、交流的机会。随着孩子们知识的丰富、实际经验的积累,孩子们会把熟悉的故事、诗歌、文艺作品和周围生活中有趣的人和事,生动、活泼地表现出来。

(五)参与幼儿表演

教师参与角色表演,一是为了增强幼儿的表演意识,让幼儿坚持表演主题;二是教师以平行的身份进行指导更容易被幼儿接受。幼儿在最初接触表演游戏的时候,有些胆怯,表演时放不开,可以选择简单的表演内容,如学过的歌曲、儿歌,熟悉的内容可以帮助幼儿克服胆怯的心理,逐步培养幼儿的自信,让幼儿对表演的兴趣越来越浓,参与的积极性也越来越高。教师与幼儿共同表演,是幼儿边学习边实践的过程,教师用自己的情绪去感染幼儿,使幼儿的情绪调动起来。

如：在模特表演中，刚开始，幼儿一是不知怎么表现，二是放不开，我便和她们一起穿上服装，用夸张的动作、丰富的表情来感染幼儿，吸引幼儿的参与，还请幼儿来说说老师表演得怎么样。通过共同的表演，幼儿评议和教师以游戏的口吻指导，幼儿的表现能力提高得很快。待幼儿有了一定的表演经验，我们就应该把舞台还给了孩子，让他们自由结伴游戏。在游戏过程中，孩子有了简单的分工：角色分工、场地布置等；还有了简单的合作，如：故事表演《狐狸和兔子》，幼儿会根据需要选择角色分工进行表演，这些都是孩子们自己去商量、去想象、去表演。

（六）重视游戏讲评

幼儿游戏的过程是享受已知、表现已知、升华已知的过程，游戏中幼儿有成功、满足的快乐或失败、不如意等情绪体验。游戏结束后，教师鼓励幼儿把自己在游戏中的所见所闻、情绪体验与同伴相互交流共享，不仅能够增添游戏的兴趣，也提供了幼儿表现和发展的场所，同时也使幼儿间有更多的双向交流、平行学习的机会。

游戏后的讲评是帮助幼儿进行交流，积极地表达情感，相互体验，共享快乐，共解难题，进一步为幼儿提供表现和交往学习的机会。因此，教师要善于营造有利于幼儿自发讨论的氛围，引导幼儿自发地开展交流学习。讲评过程中，教师不应扮演裁判的角色来评定幼儿表现的好坏，也不应扮演答案的提供者来告诉幼儿应该如何做。教师应该不断激发幼儿思考，让他们自己发现存在的问题，提出解决问题的方法。

讲评时教师的引导性提问十分重要。教师可以用"你觉得自己演得好吗？好在哪里，不好在哪里？"这些问题可以引导幼儿去反思自己在游戏中的表现，发现其中存在的问题并寻找解决问题的办法，这种引导性提问向幼儿提出许多挑战，促使游戏不断向前发展。

幼儿在游戏中常常会遇到困难或出现问题，有的解决了，有的没解决。引导幼儿评论、发表各自的意见，是一个语言发展的过程、情感表现的过程、思维创造的过程。教师可运用"你在表演时遇到什么问题？""要玩得更开心，还需要做什么？"等导语。在这种延伸想象中，创造性的萌芽就出现了。

【真题练习】

2016年下半年幼儿园教师资格证《保教知识与能力》考试题。

1.幼儿园环境创设中,使用易于识别的生活行为规则标识图,其最主要的目的是( )。

A.美化环境　　　　　　　B.便于幼儿看图说话

C.便于幼儿认识各种符号　D.便于幼儿习得生活技能和行为准则

答案:D

第三节
建构游戏区

一、建构游戏区的内涵

　　建构游戏又称结构游戏,是指幼儿利用各种建筑和结构材料(积木、积塑、金属结构材料、沙、雪等)进行各种建筑和构造活动,以及反映现实生活的游戏。建构游戏的主要类型有:积木游戏、积塑游戏、积竹游戏、金属构造游戏、拼棒游戏、拼图游戏、玩沙水雪石等自然材料游戏等。此类游戏对儿童多元智能的发展有着不可估量的作用,因而受到幼儿园的普遍欢迎。

　　随着科学技术的发展,建构游戏无论从材料、玩法还是在结构造型上都发生了很大的变化,出现了塑料接插、金属螺丝结构等等,结构游戏的概念扩展了。幼儿园常用的构造材料有积木、积塑、积竹、金属材料、泥、沙、水、雪等等。一般可根据结构游戏中运用的材料来确定构造游戏的类型。当然,某种结构游戏往往不止用一种材料,我们在区分时不能绝对化。

　　根据时间和地点的不同,幼儿园里的建构游戏可以分为两种不同形式:一种是区角游戏或晨间游戏中的桌面结构游戏,另一种是创造性游戏中的地面结构游戏。一般在玩桌面建构游戏时,地面建构游戏区不会开放;玩地面建构游戏时可能会开放桌面建构游戏,幼儿的作品将送到地面建构游戏区作为材料的补充。教师心目中的建构游戏更偏向于地面结构游戏,桌面建构游戏更多的是作为一个过渡环节和增加小班幼儿自由练习的机会,因而在玩桌面结构游戏时,教师往往忽略对游戏的评价和指导。在地面建构游戏中,幼儿往往以建筑师的身份进入游戏进行搭建,而教师也可能扮演不同的角色进行评价和指导游戏。因此,在地面建构游戏中有角色游戏的成分,但根据游戏的主题和内容能够区分出它究竟是建构游戏还是角色游戏。

二、建构游戏区的环境创设

(一)立体式路径设计——为建构游戏构筑织体

所谓立体式路径设计,即综合考量游戏时间、空间、材料和组织四大要素。时空路径为游戏开展提供时间和空间上的双重保障,从而极大提高幼儿园场地的使用频率。依据建构游戏的特质及材料的形态,可以有自由建构、情境建构、主题建构三种取向的组织路径。整体而言,立体式路径设计应凸显"适切、互补"的特色,其中"适切"指空间与材料、材料与建构方式适切;"互补"指不同路径之间互为补充。

(二)时空路径设计,交错互补

时空路径分为班级区角建构、工作坊建构、户外建构三种。其中,区角建构与班级其他区角并存,以投放小型建构材料为主。除集体教学时间以外,儿童均可自主进区游戏,呈现出随机性。工作坊建构是指在幼儿园的功能室进行建构游戏活动。通常每周两次,参与游戏的中大班孩子(混龄)通过海报自由报名获得机会。户外建构指利用幼儿园宽阔的户外活动场地进行建构游戏活动,通常也是每周两次,中大班混龄,与班级区角、功能室以相对小型建构材料为主不同,户外建构区材料以大型纸箱、水管、轻质砖、竹管、啤酒桶等为主。户外建构的游戏方式比较灵活,既可以是儿童的个人自主游戏,亦可是三两结伴的联合游戏,还可以是小组成员共同推进的合作游戏,由此呈现出游戏实施的"多元性"。

(三)组织路径设计,科学优化

依据不同游戏需求,我们提出了自由建构、主题建构、情境建构三种组织路径。其中,自由建构指建构可发生在任意年龄段。通常,班级区域建构和户外建构中会用到该种模式。

主题建构指有明确的建构主题,幼儿在游戏前需要事先做主题协商、工作计划,是一种有共同目的指向性的游戏活动。主题建构的模式适宜在中大班展开。

情境建构指教师和幼儿共同创设一定的游戏情境之后展开的建构活动。

三、建构游戏的指导

(一)游戏区规划

1. 材料供给区

根据材料在建构游戏中的不同功能,可以分成主体材料区、辅助材料区和材料加油站。主体材料一般为建构占比最多的材料,辅助材料则是用于支持幼儿建构的其他材料,材料加油站则投放便于儿童进行表征的其他材料。

2. 建构主阵地

所谓建构主阵地,即供幼儿建构的中心区域。建构区的设置应从游戏人数、人均面积等因素考虑其合理面积,是幼儿开展建构游戏的主要阵地,幼儿通过建构活动进行表达、表现。

3. 展示台

展示台是对幼儿作品进行记录的主要区域,通过展示柜和展示架呈现作品实体,供大家欣赏参观;通过展示墙呈现作品照片,供幼儿交流;通过展示牌和展示贴呈现作者信息,让幼儿获得成就感。

(二)进阶式策略支持

建构游戏中的支持是指在幼儿游戏过程中,教师不影响幼儿游戏的情况下采取的介入策略,体现教师对幼儿的解读和对游戏的认知。在实践中,根据游戏的行进走向,将幼儿游戏过程分成游戏前、游戏中、游戏后三个阶段。

(三)建构"前"支持——引发兴趣

首先,在进入建构活动区之前,教师应要求幼儿先对材料进行试玩,通过试玩后讨论此区域应该注意些什么,包括入区人数、材料的运用、如何避免受伤等。提出的规则经大家同意后,教师和幼儿一起以图文结合的方式把规则张贴在建构区,以此增强环境中的自治因素。其次,各个区角应根据需要设置不同的展示板块,以激发幼儿的建构兴趣。如在"纸牌乐翻天"建构区,教师可以创设墙饰"纸牌擂台",将网上搜索的纸牌建构作品,根据其建构水平的难易程度分成三个星级,鼓励幼儿来挑战不同星级的作品内容,并通过记录表记录幼儿的挑战时间、挑战情况(成功/失败)。此外,教师还可以通过提供模型、玩具、建筑物的图片、绘本等方式,帮助幼儿更好地在头脑中储备表象,拓展建构经验。

(四)建构"中"支持——驱动思维

游戏支持不等同于"教",而是通过多种策略助推幼儿的游戏。建构"中"支持的主要手段有情境体验策略、支架运用策略、平行示范策略、角色体验策略、试误体验策略、语言支持策略等。下面以情境体验策略和支架运用策略为例加以说明。

1. 情境体验策略

情境体验策略就是在一定的情境模式中进行体验,让孩子在体验中产生共鸣,揭示幼儿在搭建过程中存在的问题或分歧,并激发幼儿后续建构行为的支持策略。

如在"划龙舟"的建构主题中,幼儿用竹子建构了龙舟,模拟划龙舟的情景,有的敲锣,有的打鼓,有的划龙舟。在体验中幼儿发现龙舟的船身太小,只能容下一两名幼儿,于是孩子们开始调整,重新对船身进行了规划,让船身能容纳更多的人,使游戏更好玩。

2. 支架运用策略

支架即鹰架,来源于维果茨基的"最近发展区"理论,即当幼儿现有的经验水平无法解决当前问题时,教师给予一定的提示和引导,帮助幼儿顺利完成。建构游戏中主要运用的支架策略有材料支架、道具支架、图示支架等。以材料支架为例,中班孩子在建构"肯德基"游戏时,预期目标是搭建可以容纳十多个孩子同时用餐的餐厅,但由于中班的孩子对空间距离缺乏经验,加上没有较为准确的估计能力,所以搭建出来的餐厅总是太小。于是,教师给孩子们提供了一张非常大的纸板,幼儿通过将纸板移动至场地中间,沿着大纸板开始建构围墙,等全部围合好之后,将纸板撤离,由此搭建出了足够大的餐厅。材料支架策略适用于幼儿有明确的建构指向,但无法在建构初期完成准确预计的情形。通过给予支架、运用支架、撤离支架,教师帮助幼儿顺利完成建构任务。

四、建构"后"支持促成反思

游戏后的支持主要体现在游戏评价方面,我们探索的主要评价方法有清单式评价、问题式评价、作品分析式评价和轨迹式评价等。如轨迹式评价是以图文结合、持续记录的方式展现幼儿整个建构过程,由此不仅能看到孩子不断调整建构的过程,而且教师在评价的过程中也不断调整支持方案,促使孩子提升建构能力。

建构活动后客观有效的评价,对推动幼儿建构活动深入开展以及建构水平的提高有着至关重要的作用,也能促进幼儿良好情感和行为习惯的养成。值得关注的是,建构游戏的评价主体应该是多元的,教师、幼儿甚至家长都应是评价者。

第 7 章
规则游戏区域活动与环境创设

　　某大班老师利用印章、实物、作业单让幼儿练习数的组成,效果很好。一位小班老师模仿了这一形式,在小班数学区投放印章和作业单,让幼儿在2只小鸟后面印上1只小鸟,获得"2添上1是3"的认识。结果发现,小班幼儿只对印小鸟感兴趣,还把小鸟印在脸上、手上,这让这位小班老师十分苦恼。为什么同样的材料放在自己班上效果全无呢?从这个案例中可以看到,游戏材料的投放对游戏活动的顺利开展有着重要的影响,不同年龄幼儿认知特点不同,同样的材料其效果会完全不同。

【学习目标】

知识目标：
1. 了解各个区域的内涵和重要作用。
2. 掌握各区域玩具材料的投放要点。

技能目标：
1. 能根据幼儿的发展特点和实际需要合理创设区域环境。
2. 能合理地组织益智区、体育区的区域游戏活动。

【学习重难点】

1. 掌握各区域玩具材料的投放要点。
2. 能根据幼儿的发展特点和实际需要合理创设益智区、体育游戏区的环境，合理地组织游戏活动。

【知识结构图】

规则游戏区域活动与环境创设
- 益智区
  - 益智区的含义与价值
  - 益智区活动材料的选择
  - 益智区活动组织实例
- 体育游戏区
  - 体育游戏区的含义与价值
  - 体育游戏区的材料投放
  - 体育游戏区活动组织实例

第一节
益智区域活动与环境创设

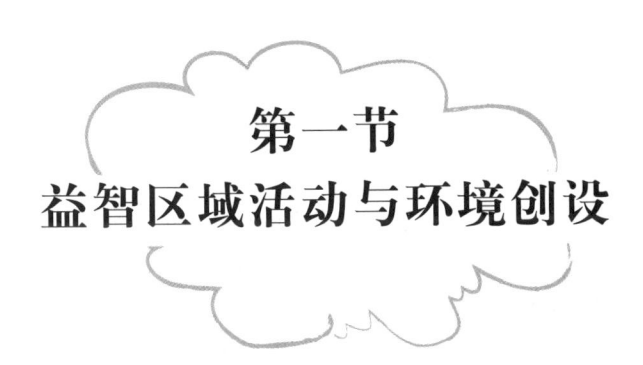

一、益智区域游戏的含义

益智区域游戏,顾名思义,即是促进幼儿智力发展的区域游戏。益智游戏是将学习因素和游戏因素紧密结合的一种游戏形式,锻炼幼儿的眼、手、脑等,使幼儿获得身心健康,增强思维敏捷性。

益智区对幼儿来说首先具有娱乐性的价值。益智游戏玩法丰富多变,如摆七巧板、解九连环等游戏对幼儿来说具有极大的趣味性和挑战性。除了具有一般游戏的趣味性特征外,益智游戏最明显的价值还表现在其益智性上。益智游戏往往需要幼儿开动脑筋,它让幼儿在操作与练习中学习分类、配对、数数等知识,提高了幼儿的数理逻辑能力、问题解决能力、空间想象能力,同时在手脑并用的学习过程中促进触觉、视觉、听觉以及手眼协调能力和手指小肌肉的发展。益智游戏同时还具有明显的规则性,比如跳棋、五子棋等棋类游戏,都是需要遵守程序规则才能取胜的。益智游戏规则性强,对培养幼儿的规则意识、独立意识和逻辑思维能力具有独特的价值和意义。

二、益智区的材料投放

教师要为益智区准备的材料主要分为如下几类:
(1)发展感知觉类游戏材料。

发展感知觉类游戏主要是以幼儿的感官锻炼为主。感知运动的智能是思维的源泉,通过感知觉类游戏,儿童听、摸、看、闻,在与外界事物的互动中锻炼感官,养成良好的观察和思维习惯。感官教育对儿童心智的发展有不容忽视的作用,蕴含在日常的生活实践之中,教师可以引导幼儿充分运用感官探索、感受生活中的事物,从而锻炼感官能力,丰富生活经验。

幼儿园常用的专门感知觉类材料是蒙台梭利的感官教具,这是蒙台梭利为幼儿的感觉教育创设的一套专门教具,包含视觉、触觉、听觉、味觉、嗅觉这五个方面,每一个方面都有相应的教具来完成。

表7-1 蒙台梭利的感官教具表

材料	材料介绍	具体实物
色板	色板由11对相应的颜色组成,培养幼儿对各种色彩的认识和对色彩的敏锐性	
粉红塔	粉红塔主要由十个粉色立方体组成,按照边长逐渐递减	
嗅觉筒	嗅觉筒是由12个木质嗅觉筒以及2个木质托盘组成,每个托盘放置6个嗅觉筒。通过辨别桶里的气味,练习鼻子的敏感性,能够用嗅觉感知周围的环境	

（续表）

材料	材料介绍	具体实物
触觉卡	触觉卡是由10片组成，有5种不同的粗度，每种2片。训练儿童用手感知事物的能力，锻炼手的灵敏性	
温觉板	温觉板是以16种不同材质的物质制成的，每种2片，使儿童认识到不同物质的温度不同，进一步认识物质是多样的	
味觉瓶	味觉瓶是由四对一一对应的瓶子构成：每对分别装的是咸味、甜味、酸味、苦味四种溶液	

（2）数学类游戏材料。

数学游戏活动主要是在材料的操作过程中促进形状、排列、空间、大小、分类、比较、配对、数数、加减法等数学能力的发展，借助操作性材料，帮助幼儿在实际的操作过程中把抽象的数学知识具体化、生动化，促进幼儿抽象思维的发展。

7-2　数学类游戏材料一览表

材料类型	材料名称	实物图
专门的数学材料	拨珠器、长方形、圆柱体、球体；蒙台梭利数学教具、教材配套的教具等	
板类	七巧板、等分图形、插嵌板、分类板、数字排序板	
卡片类	实物卡片、数字卡片、点卡、图形卡片、接龙卡、扑克牌	
图表类	年历表、星期表、转盘等	

（续表）

材料类型	材料名称	实物图
实物类	利用生活中的实物进行操作,如积木、积塑、串珠、娃娃、数棒、回形针、纽扣等	
废旧物品	纽扣、矿泉水瓶、盒子、罐子等	

（3）棋类游戏(五子棋、象棋、跳棋、围棋、交通棋、大富翁)。

幼儿园的棋类游戏主要是指游戏棋,能促进幼儿的逻辑思维能力、观察力、专注力、耐力、合作能力的发展,培养幼儿爱动脑筋的好品质。与传统棋(如围棋、象棋)很强的专业性不同,游戏棋更具有趣味性,并且难度更低,因此游戏棋在材料的选择和制作上与传统棋很不一样。

棋类玩具可以分为两种,一种是靠掷骰子行棋的掷骰型棋玩具,还有一种是没有骰子,需要下棋双方动脑筋行棋的对弈型棋玩具。一般认为,掷骰型棋玩具适合在中班投放,而对弈型棋玩具适合在大班投放。

表7-3　常见棋类游戏材料一览表

类型	玩法	材料	实物图
掷骰型棋	通过掷骰子,根据骰子上的点数前进	常规的掷骰型棋玩具有飞行棋、大富翁等或教师自制的旅游棋、交通棋、地图棋、民族棋等	

（续表）

类型	玩法	材料	实物图
对弈型棋	游戏双方移动棋子，以一方将另一方困住为胜	常规的对弈型棋玩具有五子棋、象棋、围棋等	

（4）操作性的游戏材料。

操作性的游戏材料主要是手头玩具，常规的玩具材料包括解谜类材料、拼接类材料。

表7-4　操作类材料一览表

材料类型	材料	实物图
解谜类	迷宫球、迷宫棒、魔尺、华容道、九连环等	
拼接类	积塑、雪花片、磁力珠、磁力棒等	

三、益智游戏区活动组织实例

(一)感知觉类区域游戏组织

1. 活动名称:说说你摸到了什么。

2. 适宜年龄段:3—4岁。

3. 活动目标:能通过触觉辨别摸到的物体,提高触觉敏锐度。

4. 活动准备:两个口袋;不同的东西各两块,如砂纸、皱纹纸、灯芯绒布、塑料布、海绵、毛巾等。

5. 游戏玩法:①将不同质地的物品分别放入两个口袋中。如一块毛巾放入A口袋中,另一块毛巾放入B口袋中。

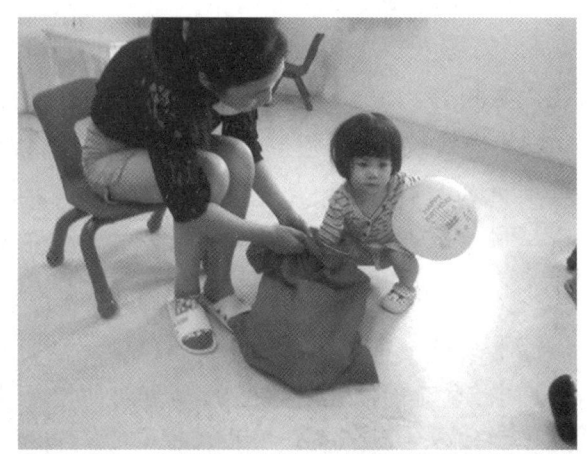

图7-1 感知觉游戏

②让孩子将手伸进A口袋中(不许看)拿出一件东西,再从B口袋中找出同样的东西,把找到的相同的两件东西拿出来,放好。然后,再开始找下一对新的东西。

(二)数学类区域游戏组织

1. 活动名称:配对。

2. 适宜年龄段:4—5岁。

3. 活动目标:能不受物体大小或排列形式的影响,正确判断7以内的实物数量。

4. 活动准备:纸若干张,每张纸分6格,每格内写上7以内的任意一个数字或画上简单的图形;若干张1~7的圆点卡片(放在纸盒或布袋中)。

5. 游戏玩法:参加游戏的幼儿分别取一张有格的纸,轮流从盒子(或布袋)中摸出一张卡片。如果一个幼儿摸到的圆点卡片的点数与纸上的数字相同,就把卡片覆盖在这个数字上;如果没有数量相同的数字,就把这张卡片放回盒中。如此反复。看谁先将有格的纸上的数字盖满,谁就获胜。

(三)棋类游戏组织

1. 活动名称:智攀珠穆朗玛峰。

2.适宜年龄段:5—6岁。

3.活动目标:①能遵守规则,按顺序轮流掷骰子进行游戏;②乐意参与棋类游戏,能根据调整的游戏规则有序地进行游戏。

4.活动准备:①物质准备与材料准备:每位幼儿一套1~6的数字卡;小组游戏材料:游戏棋盘一个、不同颜色的棋子和其相对应的各色小旗(数量与小组幼儿人数相等)、骰子。②经验准备:知道6以内数的分解与组合。

5.游戏玩法:教师带领幼儿观察棋盘,讲解游戏玩法:4名幼儿为一组,每组一副棋盘,每位幼儿一套1~6的数字卡,并各持一粒不同颜色的棋子,将各自的棋子放在起点,轮流掷骰子。掷骰子的幼儿掷出数字几,就将自己的棋子向前走几步;若正好走到有图案的格子内,就大声说出图案的数量,并向其他幼儿提问该数字和哪一个数字合起来是6,然后与同伴一起从自己的数字卡中拿出相应的数字卡,拿对的幼儿将自己的棋子向前走一步,拿错的幼儿原地不动。谁的棋子最先到达终点,谁就在山顶上插一面与自己棋子颜色相同的彩旗代表登上珠穆朗玛峰。

6.活动拓展:可适当增加规则,幼儿开始游戏时,掷骰子的数字是规定数字时,才能开始在棋盘中下棋;或者掷到单数或双数时才能下棋,适当增加游戏起步的难度。

第二节
体育游戏活动与环境创设

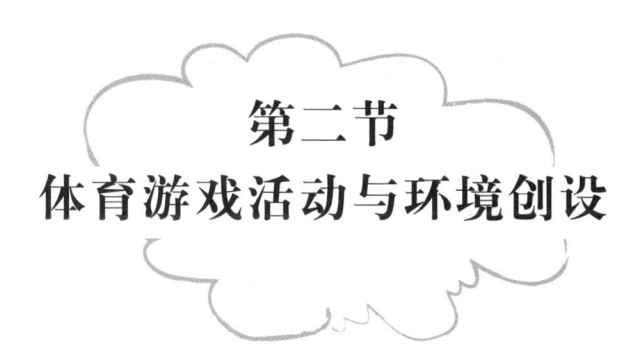

一、体育游戏活动区域的含义

　　幼儿体育游戏是指在幼儿园里开展的由走、跑、跳、投等基本运动动作组成的、有情节的体育活动。它包括走、跑、跳、投、钻、爬、平衡和小球、水上、冰雪等多种游戏,以儿童的体能锻炼和运动为主要活动形式,并有一定的规则和竞赛因素。《幼儿园教育指导纲要(试行)》指出,幼儿必须以游戏为基本活动,开展丰富多彩的户外游戏和体育活动,培养幼儿参加体育活动的兴趣和习惯,增强幼儿的体质。体育游戏是增强幼儿身体素质的基本活动,是实现幼儿健康教育的重要手段。

　　体育游戏包括游戏动作、游戏情节、游戏规则和游戏准备等。游戏中的动作发展了幼儿走、跑、跳、投、平衡、爬等基本动作,锻炼了幼儿的身体素质。体育游戏中创设的游戏情节,如锻炼幼儿协调爬的活动"蚂蚁搬豆"中创设的小蚂蚁要冬眠了,要爬过两座山把食物运回家的游戏情景,使得体育游戏极具趣味性,能调动幼儿参与游戏的积极性。同时,体育游戏又是具有明确规则的游戏,游戏规则贯穿游戏全过程,幼儿只有遵守游戏规则才能顺利地开展游戏,因此,体育游戏对培养幼儿的规则意识也具有独特的价值。

二、体育游戏区域材料的准备

　　幼儿的年龄特点决定了他们对物质世界的认识是感性的、具体的,思维的发展离不开具体动作,因此,体育材料是引发幼儿进行主动探索的重要媒介,教师以材料为中介,启发和引导幼儿进行探索和活动。从幼儿园常用的体育材料的形态来说,可以划分为大型体育材料、中小型体育材料、非专属性体育材料、自制体育材料。

（一）大型体育材料

大型体育材料一般在幼儿园的户外，具有固定性，主要促进幼儿的感知觉能力如视觉、听觉、触觉、运动觉、平衡觉、本体觉和大肌肉动作的发展，一般来说具有如下几类。

表7-5 大型体育材料一览表

材料类型	材料名称
滑行类	滑梯、下滑车道、悬挂缆车等等，主要发展幼儿的感知觉能力
旋转类	转椅、旋转木马、转轮等，主要发展幼儿的感知觉能力
摇摆类	各类秋千、海盗船、摇摆椅、悬挂绳索等
平衡类	平衡木、平衡架、单绳桥、双绳桥、梅花桩等
攀爬类	各类攀爬墙、攀爬梯、攀爬网、吊环等
钻爬类	各类大型圆桶、固定的地道钻跨障碍屏等
投掷类	各类固定的球架或者固定的孔洞
跳跃类	各种大小的跳床或者充气城堡

（二）中小型体育材料

在幼儿园中，中小型体育材料可操作性强，可以利用的材料丰富，玩法多样。一般常投放的材料有以下几种。

表7-6 中小型体育材料一览表

材料类型	材料名称
滚动类	各种大小的充气碰碰球、各种类型的脚踏车与滑板车、各种滚铁环的材料、各类滚筒
旋转类	各种类型的陀螺、空竹、竹蜻蜓、溜溜球、旋转盆等
行走类	各类高跷、大小不同的脚踏石、可自由组合的平衡木等
跳跃类	羊角球、蹦跳球、长短不一的绳子、跳箱、音乐毯、皮筋等
投掷类	闪光球、垒球、弹力球、保龄球、降落伞、飞盘、各种型号的沙包、各种型号的标靶、各种型号的吸力镖、回力镖、各种小套ры、软式手榴弹等
钻爬类	各种大小的呼啦圈、隧道筒、各种障碍的拱门等
上肢力量类	台球、高尔夫球、弹力绳、哑铃、儿童拉力器、各种球拍、拳击玩具等
球类	实心球、气球、按摩球、绒球、健身球、玻璃弹球、羽毛球、响铃球、乒乓球、小足球、小篮球等

(三)非专属性体育材料

非专属性体育材料是指在生产生活过程中使用的各种材料,这些材料也可用于体育游戏的设计中,丰富活动内容,增强幼儿动作的多样性,同时对于拓展幼儿的认知、丰富幼儿对材料的认识、开发他们的思维也具有重大意义。

非专属性体育材料主要包括以下物品:桌子、椅子、长凳、纸箱、包装盒、罐子、塑料盒、泡沫垫、纸杯、纸袋、鞋带、彩带、报纸、生活用的粗细皮筋、雨伞、吸管、扇子、毛线、海绵、轮胎、鱼线、麻绳、竹筐、竹梯、木棒、网兜、木桩、油漆桶、刷子、各种轮轴等。

(四)自制体育材料

自制体育材料一般是教师在成品专属性体育材料的基础上进行创造再加工,或是利用生活中的非专属体育材料、废旧材料制作的具有特定功能的体育材料。教师自制的体育材料是对成品材料的一种补充,能促进幼儿各种动作的发展和完善,对幼儿的思维、认知也有重要意义。常见的自制体育材料有以下几种:

表7-7 自制体育游戏材料一览表

材料类型	材料介绍
滚动类器材	如利用各种废旧的罐子、瓶子或者桶制成,幼儿通过推动这些器材进行走、跑练习
推拉类器材	如小汽车、独轮车等与绳索和杆组合制成,以锻炼幼儿控制物品走、跑的能力
独木桥类器材	由一根或两根较长的竹棍、木棒或绳索等形成一定的高度并固定,以此锻炼幼儿平衡走的能力
投掷类器材	用布、纸等制作的球状或长条状的投掷物;或是用铁环、小圈等制作的环形投掷物;用纸或竹子制作的纸飞机、竹蜻蜓、纸火箭等飞行类投掷器;用塑料板、纸板等做的飞盘类投掷物
攀爬类器材	利用人字梯及绳网、木架、桌椅等制作的供幼儿攀爬的器材等
钻爬类器材	利用呼啦圈、绳网、纸箱等材料形成一定的空间,供幼儿钻爬
爬行类器材	利用泡沫塑料板、厚纸板等制作的各种动物的脚蹼,让幼儿套在手脚上;用布垫、绒垫等制作的手套、膝套、脚套,可以让幼儿在地板上爬行

三、体育游戏区域活动组织实例

（一）案例一：小动物找家

1.活动目标：练习向指定方向走、跑、跳，发展幼儿的基本动作；能找到空位，不推挤他人。

2.适宜年龄段：3—4岁。

3.活动准备：在场地四角摆放小猫、小鸭、小鸡、小兔的标记，表示小动物。

4.游戏玩法：幼儿四散站在场地中间，教师说："轻轻走，轻轻跑，我的小猫喵喵喵。"幼儿边学小猫边向小猫家走去。教师说："爱吃虫子，爱吃米，我的小鸡叽叽叽。"幼儿边学小鸡边向小鸡家走去。教师说："黄黄嘴巴大脚丫，我的小鸭呷呷呷。"幼儿边学小鸭边向小鸭家走去。教师说："长长耳朵三瓣嘴，我的小兔？"幼儿边学小兔边向小兔家走去。

5.游戏拓展：幼儿游戏1~2次后可改为跑，但要提醒幼儿不相互拥挤，注意安全。

（二）案例二：勇敢的小蚂蚁

1.活动目标：学习转道爬行动作；练习听信号向指定方向爬行及变速爬行。

2.适宜年龄段：3—4岁。

3.活动准备：蚂蚁头饰若干（每个幼儿1个）、录音、磁带、铃鼓1个、纸箱4个。

场地布置：大草坪1块（长7米、宽6米），上面放有许多皮球，草坪旁有4个纸箱，3米长的垫子4块，摆成转道形。

4.游戏玩法：

（1）扮演蚂蚁角色，做走、跑、跳动作，活动身体的各个部分。

（2）在教师的讲解示范下学习带球爬行，手膝着地向前爬行，球贴前胸，用身体带动前进。

5.游戏拓展：练习向指定方向爬行及变速爬行。借助铃鼓，铃鼓摇得快，幼儿就爬得快；摇得慢，幼儿就爬得慢；没摇，幼儿就原地不动。

图7-2 勇敢的小蚂蚁

(三)案例三:穿大鞋运球

1.活动目标:锻炼幼儿的平衡能力,提高幼儿动作的协调性。

2.适宜年龄段:4—5岁。

3.活动准备:与幼儿人数相等的大鞋(或者用其他材料制作的大脚套或鸭子等动物脚);皮球若干。

4.游戏玩法:

(1)将幼儿分成人数相等的两队,分别站在起跑线后。

(2)教师发出口令后,请各队的第一个幼儿穿着大鞋运皮球。行走过程中,如果鞋掉了,必须穿好,带着球走到终点把球放入球筐。第二个幼儿接着运球,直到最后一个球运完。

(3)速度最快、运球最多的队为获胜方。

图7-3 穿大鞋

图7-4 飞镖手

5.提示:大鞋可用成人的鞋子,也可自己利用废旧材料制作;游戏过程中注意幼儿的安全,观察幼儿的平衡能力如何。

(四)案例四:飞镖手

1.活动目标:练习准确投击目标,锻炼幼儿的上肢力量;发展幼儿凝神注视的能力。

2.适宜年龄段:5—6岁。

3.活动准备:五角星若干个、用木制夹子及皱纸做成的彩色飞镖若干个。

4.游戏玩法:幼儿站在起投线后面,每人1个彩色飞镖。画3条线,第1条线距离起投线2米,第2条线距离起投线3米,第3条线距离起投线4米。教师发令后,全体幼儿一齐投彩色飞镖,教师奖给投得最远的幼儿一颗五角星。

5.提示:在游戏的过程中,提醒幼儿注意安全,以防砸到身体重要部位。

【拓展阅读】

在幼儿园自制的体育材料中，具有地域特色的材料或是传统体育材料的运用，能极大地丰富幼儿游戏的趣味性，达到利用多种不同材料锻炼幼儿运动能力的目的，同时丰富幼儿对传统文化的了解和对各种材料的认知。许多幼儿园结合地方特色，创造性地设计出了许多丰富有趣的民间体育游戏，如将瑶族的"竹竿舞"与体育游戏结合，形成竹竿游戏，让幼儿在愉悦的嬉戏中练习有节奏地单脚或双脚跳。又如借鉴民间婚嫁场景而设计的"抬花轿"游戏，锻炼了幼儿手脚协调一致移动以及合作意识。还有教师别出心裁，利用牙签和纸板制作的小陀螺，游戏简单有趣，同时又锻炼了幼儿的手部肌肉力量和协调性。

图1 跳竹竿 　　图2 抬花轿

图3 转小陀螺

【考查要点】

教师资格证考试对于本章的考查主要在以下几个方面：

1. 活动区环境的分类

本知识点的考查方式以单项选择为主，复习备考主要以理解为主。幼儿园里常见的活动区域可分为创造性活动区域和规则性活动区域，创造性活动区域包括角色游戏区、建构游戏区、表演游戏区，规则性活动区域包括益智游戏区、体育游戏区。当然这种划分并不固定，各幼儿园可视具体情况灵活操作。

2. 常见活动区的功能

本知识点的考查方式以单项选择为主，复习备考主要以理解为主。本章涉及的常见游戏区中，体育游戏区的功能主要是促进幼儿身体、动作技能的发展，益智区主要锻炼幼儿的观察思维能力。

3. 常见活动区的材料投放

本知识点的考查方式以单项选择为主，复习备考主要以理解为主。考试中常涉及的体育游戏区材料常见的有滑梯、攀爬架、平衡木、沙包等，益智区材料常见的有数学类材料、棋类材料。

4. 区域环境的创设

本知识点的考查方式以单项选择、简答题为主，复习备考主要以理解为主。主要涉及区域环境创设的原则、要求、空间规划、组织与实施的方法。

【小结】

本章主要介绍了两种常见的规则性游戏活动区域——益智活动区和体育活动区，具体内容包括这两个活动区的含义、特点及功能，常见的游戏活动及各类活动的材料选择，以及活动实例，希望通过理论结合实际的方式，帮助学习者在实践中，结合幼儿的需求和幼儿园的实际情况，借鉴本章相关知识，掌握这两个区域活动的具体创设方法，科学、合理地开展益智区域活动和体育区域活动。

思考与练习

1. 案例分析

某大班的教师在游戏活动区投放了材料"袋鼠跳",提供的材料有:袋鼠玩偶5只,场景沙盘(中间有小河)一个,记录卡、笔。刚开始幼儿对这个游戏活动的热情很高,但是很快就无人问津了。请你思考并回答:产生这个问题的原因是什么呢?你还可以选择设计哪些其他的游戏活动重新吸引幼儿对数学区域游戏活动的兴趣呢?

2. 实践操作训练

选择一所幼儿园,观察统计某个班级益智区和体育区的材料投放情况。

第 8 章
延伸区域

在周一的晨谈分享活动中,球球小朋友给大家带来了一段皮克斯的小鸟卡通短片,把小伙伴们逗得哈哈大笑。播放结束后,大家一致要求老师:"再放一次!再放一次!"此后,在一天的游戏活动中,教师看到许多幼儿一直延续着对电影情节的讨论和对角色的感受分享。于是,教师以幼儿的兴趣指向为出发点,挖掘蕴含在电影情节中的隐性教育价值,与孩子们共同讨论、制订出"小小鸟"主题的研究方案。

发现幼儿对电影表现出浓厚兴趣时,教师的处理对我们有什么启发?

【学习目标】

1. 掌握拓展区和特别研究区的内涵。
2. 了解拓展区的实施措施。
3. 熟悉拓展区活动的组织过程。
4. 通过案例学习如何在特别研究区中培养幼儿的个性。

【学习重难点】

1. 拓展区和特别研究区的内涵。
2. 如何在特别研究区中培养幼儿的个性。

【知识结构图】

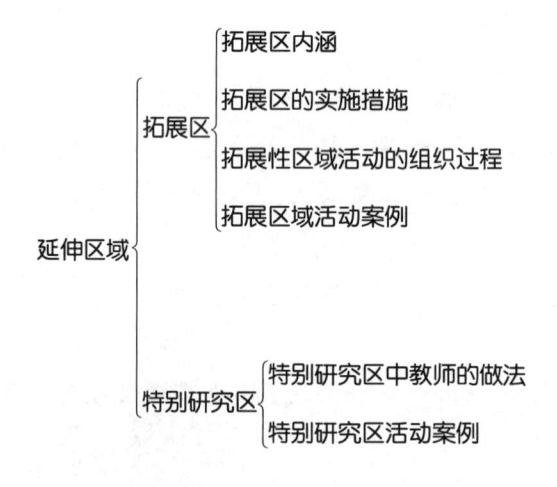

延伸区域
- 拓展区
  - 拓展区内涵
  - 拓展区的实施措施
  - 拓展性区域活动的组织过程
  - 拓展区域活动案例
- 特别研究区
  - 特别研究区中教师的做法
  - 特别研究区活动案例

第一节 拓展区

拓展区是为有不同发展水平、不同学习节奏与兴趣爱好的幼儿创设的活动区域。拓展区为幼儿提供研究在基本区域中发现的问题以及进一步探究所需要的延展性材料,可以将其视为区域活动中专门为个别幼儿开设的"选修课",它能满足幼儿的个体差异和不同的发展需求。

一、拓展区的内涵

《指南》指出:儿童的发展是一个整体,要注重领域之间、目标之间的相互渗透和整合,促进幼儿的身心全面协调发展,而不应片面追求某一方面或某几方面的发展。

拓展区为幼儿提供了进行延展研究的区域,在幼儿自主选修的研习过程中,教师依据幼儿选修的"课题",全方位地分析和挖掘该"课题"的特点、适宜载体和幼儿的实际发展需要,使幼儿能从不同角度和方式对自己感兴趣的问题进行综合体验和研究。这一"课题"一般来源于幼儿的主题研讨活动,并与主题活动密切联系、相互支撑,共同促进幼儿的发展。当教师发现幼儿在主题活动中需要了解的关键知识点、难点以及幼儿感兴趣的问题时,就可将其转化为可操作的物化材料,设置与主题活动相适应的主题拓展区域,也可将部分操作材料投放至适宜的其他区域,拓展区域之间的横向联系。幼儿在不同区域针对同一研究主题设计制作的作品或探索研究的成果,还可以成为主题分享交流的话题或推动主题发展的载体,这加强了主题研究的纵深发展,兼顾了幼儿个体发展与整体发展的差异。

以往的主题教学活动常以集体教学活动为主,主要是由教师控制教学时间、场所和教学材料,忽略了幼儿的自主性和个别差异,不能很好地兼顾到每个幼儿的不同特点。《幼儿园教育指导纲要》中明确指出:"尊重幼儿在发展水平、能力、经验、学习方式等方面的个体差异,因人施教,努力使每个幼儿都能获得成功和满足。"现如今,很多幼儿园也重点提倡探索性学习,而区域活动中的拓展区最符合这一要求。区域活动中的拓展区活动不同于一般的区域活动,特指幼儿教师依据主题教育活动目标,有目的地创设与主题相关联的区域活动环境,让幼儿在区域中按照自己的意愿和能力,以操作摆弄为主要方式进行自主学习,实现主题活动预设目标的一种个别化的自主学习的活动。

幼儿园拓展区活动作为介于教师预设与幼儿生成性活动之间的一种学习方式,是幼儿体验、建构、发展的重要媒介。尤其是匹配主题活动内容,是幼儿创造性表现的有力支撑,更有利于幼儿的和谐发展。主题区域活动有着相对宽松的活动气氛、灵活多样的活动形式,也就相应地对教师提出了更高的要求。如何围绕着主题,使活动内容顺利进行、层层推进至关重要的。

二、拓展区的实施措施

(一)设定与解读主题

要想让拓展性区域活动深入进行,首先我们需要设定一个合理的主题。每一个主题都有自己的中心思想,只有中心具有"包容量",才能把与主题相关的内容组织起来形成一个整体结构;中心具有"生活中获取相关的生活经验"和"开放性"特点,才能满足不同幼儿的学习兴趣与学习需要。如果主题不具备以上几个条件,是很难开展深入探究的。

在解读主题的中心时,我们不应该只关注主题名称本身,更应该解读到主题背后所关联的信息。有的时候主题名称只是主题的一个切入点。在一个主题确定之后,我们应该寻找和建立主题扩展链,以每个扩展链的细化和深入带动主题的深入。

(二)以环境创设和材料的投放推动主题发展

环境作为重要的教育资源,对幼儿的影响虽然是隐性的,却是巨大的。区域活动中的拓展区突破了传统教育中幼儿被动、静止地接受的状况,教师通过设计,提供可供幼儿操作的环境,特别是各种活动材料,让幼儿在和环境的相互作用中主动得到发展。皮亚杰提出"儿童的智慧源于操作",幼儿是在对材料的操作、摆弄过程中建构自己的认知结构的。幼儿园区域游戏的教育功能主要就是通过不同层次的操作材料来实现的。

材料是构成幼儿学习环境的重要载体,教师在创设区域时应根据幼儿不同的发展水平投放难易程度不同的材料以满足幼儿多方面的需求。

(三)利用幼儿的反馈推动主题的发展

拓展区域活动的主导者是每位幼儿。教师绞尽脑汁想着要把什么教给幼儿,有的时候教师倾尽所有但效果并不好。不如教师放开手让幼儿自己去探索,当教师发现大多数幼儿感兴趣的问题,那便是活动的下一个主题的分支。由此得来的主题内容既符合幼儿的发展特点,又能激发幼儿的兴趣,更解决了教师苦恼已久的问题。每个幼儿就是一个"活点子",教师把更多的注意力放在他们身上,仔细去观察、去记录,就能找到最好的答案。

正因为如此,拓展区活动的开展也需要一定的灵活性,不要沿着既定的方案一路走到黑。当教师发现新的信息时,需要适当地调整已有方案,或者更好地融合进已有的方案里面。

(四)及时反思、总结、推进拓展区的发展

每次拓展区活动后,教师应该积极进行反思。有人说过:"没有经过反思的经验是狭隘的经验,是没有生命力的。"为此,教师应通过自我反思、集体反思的方法,提高组织拓展区活动的能力,着眼于对拓展区活动组织的过程来分析自己做出的某种行为决策、所产生的结果、幼儿在活动中的表现等,来反思活动的主题是否合适,投放的材料是否恰当,幼儿的兴趣点在哪里,从而决定活动的下一步走向。

三、拓展区活动的组织过程

通过以上的分析,我们认为,拓展区活动可以按照以下四个步骤进行。

(一)前期参访调查

通过谈话活动、集体讨论、问卷调查和亲子参访来了解幼儿的现有经验,发现幼儿的兴趣点,从而更好地拓展主题的分支。

(二)环境布置和材料投放

根据前期的参访结果决定如何划分区域、环境如何布置以及投入哪些有利

于幼儿操作和推进主题的材料。在这个环节中,要充分发挥幼儿的自主性,由幼儿投票选举的方式来决定。

(三)活动开展

前期准备工作结束后,开始进行拓展区活动,在此过程中教师要做好相应的观察记录,包括文字记录、图片以及影像记录。

(四)后期总结和反思

后期总结和反思分为两大部分,一是每次活动结束后的现场总结与反思,让幼儿及时反馈本次活动的感受和发现的问题,以及幼儿对下次活动的意愿。二是每个主题大分支活动结束后,利用谈话法帮助幼儿回忆这一阶段的活动,从中找出闪光点和问题,为下一主题分支做铺垫。

(五)主题总结展示活动

从主题开始到结束这一过程中,教师可以充分调动家长资源。从每一次小的参访到大的家庭互动,都可让家长陪伴幼儿参与其中。有些家长会认为在工作后,幼儿园又为他们增添了额外的任务,不免有消极情绪。这样的情绪也会直接影响到幼儿对于主题活动的热情。虽然在此过程中教师会举行家长会和主题活动说明,不过教师再多的言语都不如让家长亲眼看到幼儿在主题活动中的表现和成长,更能让家长有所触动。所以,在每一次的主题活动尾声,教师都应组织一次主题总结展示活动,让家长和幼儿都参与到教师设计的拓展性主题情景中,去感受主题区域活动的魅力。

四、拓展区活动案例

(一)案例一:老鼠阿姨送礼物(小班)

1. 活动构思

"老鼠阿姨的礼物"中,小兔子用长耳朵听,小青蛙用大嘴巴尝,小猪用大鼻子闻,松鼠用手摸,猜对了盒子中的礼品并拿到了各自的生日礼物。"猜谜"的活动符合幼儿好奇的心理特点,教师准备了眼罩和装有不同物品的盒子,让幼儿听听、摸摸、闻闻、尝尝,通过游戏让幼儿用各种感官体验和参与阅读,真实感知,促使幼儿的表达更加生动、贴切。

2. 目标

（1）能运用眼、耳、口、鼻等器官，通过看、听、尝、闻、摸的手段猜测礼物。

（2）乐意在活动中说说、做做，体验猜出礼物后的快乐。

3. 准备

在娃娃家投放糖果、饼干、花生、时令水果等若干；礼物盒、眼罩、"老鼠阿姨"的头饰。

4. 玩法

教师扮演老鼠阿姨进入娃娃家，模仿故事开展"送礼物"的游戏活动。"老鼠阿姨"拿出礼物盒，请幼儿自己摇摇听听、打开闻闻或用手摸摸，说说自己的感觉，并以此推测礼物名称，猜对者得到礼物。熟悉游戏后，可请幼儿自己担任"老鼠阿姨"的角色。

5. 评析

3岁的幼儿已开始利用各种感官认识和感知世界。如果让幼儿只用眼看书、看世界，幼儿的表述有可能是单一的。教师在"娃娃家"提供礼物盒子、眼罩，幼儿模仿故事情节进行猜谜，通过丰富的听觉、嗅觉等将信息传递给幼儿，促使幼儿的表述更加贴切、细致。这正如"图画书之父"松居直先生说过的："感知、体验不是让智力先行，而是让活跃的五官先发挥作用。当感觉和语言合为一体的时候，语言就会带着新鲜而强烈的存在感扑面而来。"

（二）案例二：好饿的小蛇（小班）

1. 活动构思

《好饿的小蛇》由日本图画书作家宫西达也创作，讲述了小蛇每天扭来扭去散步找食物。有趣的是小蛇吃过食物后，肚子就鼓成了苹果形、香蕉形、菠萝形。简单重复、趣味无穷的情节吸引着小班幼儿，教师设计游戏，请幼儿将彩色袜子套在手臂上变成一条条小蛇，系上围裙做小蛇的肚子。让幼儿在模仿游戏中讲述、表演，生动再现故事情节，理解故事内容。

2. 目标

（1）在角色扮演及对话模仿中，体验图画书情节的乐趣，加深对图画书内容的理解和感受。

（2）促使幼儿能大胆讲述、表现。

3. 准备

彩色袜子、各种水果模型若干，有大口袋的小围裙。

4. 玩法

（1）幼儿将袜子套到手上模仿小蛇，系上围裙做小蛇的肚子。

（2）幼儿扮演小蛇散步找食物："小蛇"张开嘴巴（拇指和其他四指配合一张一合）将各种水果吃进"肚子"（放进小围裙的大口袋）里。鼓励幼儿根据图画书内容大胆地表演、游戏、讲述。开始可播放故事录音配合幼儿表演，在熟悉的基础上，幼儿自主讲述表演。

5. 评析

爱游戏是孩子的天性。教师依托图画书内容巧妙构思、精心设计，一只袜子、一个围裙立刻让孩子变身可爱的小蛇，幼儿舞动胳膊就能模仿小蛇散步、找食物，边游戏边讲述。宽松愉悦的氛围、趣味无穷的游戏，都很好地激发了幼儿讲述、表演的兴趣，幼儿玩得开心、讲得流畅、学得轻松。

（三）案例三：好玩的颜色（中班）

1. 活动构思

经典绘本《小黄和小蓝》幼儿百读不厌，对于两个好朋友"小黄"和"小蓝"抱抱后变成绿色的情节既好奇又疑惑。教师在操作区提供各色颜料瓶，鼓励和支持幼儿通过动手操作发现三原色调和后的变化，加深幼儿对图画书内容的理解，并丰富提升其原有经验。

2. 目标

（1）感受和了解两种颜色混合的奇妙变化。
（2）乐意用语言讲述实验的变化。

3. 准备

装有红、黄、蓝三种颜色水的玻璃瓶，盛有少量红、黄、蓝颜色水的瓶盖。

4. 玩法

（1）教师以"魔术表演"的情境导入，示范操作方法。教师任意拿一种装有颜色水的玻璃瓶,盖上瓶盖(瓶盖中水的颜色与瓶中的颜色不同)后用力摇动,请幼儿观察颜色的变化。

(2)请幼儿动手操作,探索颜色的变化,并将自己实验的结果填写在记录卡上。

(3)引导幼儿说说两种颜色混合后的变化。提问:你选择的瓶中是什么颜色?瓶盖里是什么颜色?最后变出了什么颜色?

(4)教师将幼儿的实验结果用图示的方式呈现出来,让幼儿充分了解红加黄是橙、红加蓝是紫、黄加蓝是绿。

5. 活动延伸

在幼儿积累了两种颜色混合变出新颜色的经验后,教师组织开展亲子自制"颜色宝宝系列图画书"活动,请家长和幼儿一起模仿图画书,用不同的、简单的图形代表颜色宝宝,创编故事,并运用拼摆、剪贴等方法制作图画书,放在图书区供大家交流。

6. 评析

图画书《小黄和小蓝》中黄色和蓝色紧紧抱在一起变出绿色的故事情节,既表现了小黄与小蓝间亲密的友情,也隐含了两种颜色混合后会发生变化的科学知识。教师挖掘这一生动情节的教育价值,提供适宜的材料让幼儿操作感知,在动手探究中帮助幼儿理解故事。更可喜的是,在幼儿积累了更多有关颜色变化的经验后,教师能及时开展"亲子自制图画书"活动,为幼儿大胆想象、创意表达搭建了"阶梯",从而衍生出了更多、更精彩的颜色故事。创作过程中的愉悦与成就,也让孩子更真切地感受到了图画书的魅力。

通过对拓展区的研究,我们发现,拓展区与主题活动是相辅相成、共同发展的。拓展区的内容和材料来源于主题研究的需要和对主题更深层次的探究。随着拓展区材料的不断丰富,幼儿的兴趣、能力在逐渐地发生变化,有可能在主题的原方案基础上拓展出新的支线,衍生出新的主题内容,并使主题活动更贴近幼儿的生活,真正满足幼儿的需要,从而更好地实现主题活动中计划部分与生成部分的统一。在拓展区进行独立或合作性的探索与研讨,能够促进幼儿对该主题活动的理解与深度挖掘,提升幼儿发现问题、解决问题以及思辨的能力。

第二节 特别研究区

特别研究区是为幼儿自己生成的或者特别感兴趣的"课题"提供的进行专门研究的活动区域，幼儿可以在教师的指导和支持下，针对个人需求搜集信息、量身定制、寻求答案。开展特别研究区的活动，在于让幼儿体验探究的过程、了解研究的方法以及提高解决问题的能力。

一、特别研究区的内涵

特别研究区是特别的"个性化研究"，所研究的内容，有的来源于班级进行的综合主题活动，更多的是来源于幼儿的实际生活，如幼儿在日常生活（谈话、绘画）等活动中，很自然地表现出他们对某个特殊物品（例如最近的流行玩具陀螺）、某个地点（幼儿园附近的理发店）、某个热点新闻的兴趣；还有的来源于对近期阅读的书籍或故事产生的话题，想要寻找故事背后蕴藏的知识或秘密。幼儿通常会向教师提问题、与同伴交流，要求给予更多的时间去了解该热点问题的相关资讯。教师应当及时把握住这些契机，关注幼儿的想法，并创造条件满足幼儿的特别需要。设置特别研究区的目的在于促进幼儿的个性化发展，为幼儿提供特色研究的领域和场所。

二、特别研究区中教师的做法

在经济飞速发展的 21 世纪，社会需要的不仅仅是身体健康、高智商的人才，更需要一批有个性、有创新能力的人才，而人的创造力很大程度上跟非智力因素有关，比如自信、勇敢、胆大、坚强等品质，可以激发人的潜力，由此可见。对幼儿进行良好个性的培养意义非常重大，它对人格品质的形成及创造力的发挥有着不可估量的作用。但人的个性不是一朝一夕就能形成的,它是一个复杂而漫长的过程,3—6岁是个性发展的第一个时期,这个时期是幼儿个性形成的关键期,我们要善于把握时机,对幼儿施加影响,使幼儿形成良好的个性,从而为幼儿未来个性发展奠定一个良好的基础。

区域活动是幼儿园最普遍而且最受幼儿欢迎的活动,是幼儿根据自己的需要自主选择、主动参与、获得发展的一种方式与手段。在区域活动中,幼儿进行与材料的互动、与同伴的交往、与教师的对话,都能促进幼儿良好个性的形成,那教师如何利用区域活动中的特别研究区来发展幼儿的个性呢?

(一)营造宽松愉快的活动氛围

1. 注重活动环境的创设

环境对幼儿的影响是潜移默化的,区域活动的环境创设对区域活动的效果有着不可估量的作用。区域活动的形式和内容是丰富多彩的,幼儿可根据自己的喜好自由地选择活动区,选择自己喜欢的方式进行游戏和活动,在没有压力的环境中获得经验,体验成功和愉悦。在区域中,幼儿是主体,教师只是一个引导者、参与者、观察者,关注幼儿在活动时的情况及其与环境的互动。例如:在操作区,组织幼儿进行"系鞋带"活动,由幼儿互相比一比谁系鞋带系得又快又好,训练幼儿的动手能力和生活自理能力。还有在美工区、科学区中,有剪刀、小塑料棍等工具材料,这些材料对幼儿来说都是危险品,游戏时教师只需讲清规则并提醒幼儿注意安全,让他们自己去操作,这样,既避免了束缚幼儿的手脚,又使他们的活动处于有序的状态,同时也在轻松愉悦的环境氛围中完成了主题目标,促进了幼儿各方面能力的发展。

2. 充足的活动时间

幼儿喜欢参与区域活动,但如果活动时间太短的话就无法满足幼儿的情感需要。许多活动进行到一半就得放弃,因此,我们除了在正常的区域活动时间组织活动外,可灵活应用晨检、早操后或离园前的时间让幼儿自由进入活动区进行活动,去完成他们未完成的实验内容,这样既满足了幼儿的情感需要,又给幼儿提供了持续活动的时间,培养了幼儿做事情的持续性和坚持性。

(二)创造灵活多样的物质环境

1. 投放丰富的、具有多用性的材料

活动材料的投放是开展特别研究活动的关键,投放的材料的实用性和丰富

性决定着区域活动的最终效果,因为材料是开展区域活动的物质基础,是幼儿获得技能和知识的依托,幼儿就是在不断的主动操作材料的过程中获取信息、积累经验,从而获得发展。材料是否有趣、可变、可操作且符合幼儿生理、心理发展的特点,对幼儿能否主动参与有很大的影响。在这宽松、愉悦的学习环境中,幼儿根据自己的兴趣和能力,选择活动内容,体验操作和交往的乐趣,积极主动地发现、探索和表现,有效落实《幼儿园教育指导纲要(试行)》精神,是对集体教育教学活动的有效补充,是促进幼儿全面发展的较理想的教育手段之一。

2. 提供不断变化的区域

幼儿园的一切教育行为都可以被称为"活动",这里所谓的活动就是幼儿与环境相互作用的过程。幼儿就是在不同的活动中不断发展,只有在丰富的活动中幼儿的发展才能成为现实。为此,我们要求教师在提供丰富的材料的同时,不仅要考虑显性的目标,还要考虑幼儿发展的隐性目标和多个目标,便于幼儿按照自己的意愿进行选择。例如,益智区的拼图、汉字组合、图形排序等系列活动的渗透。语言区材料的提供,有不同题材的故事绘图,幼儿在游戏的过程中,既复习和巩固了对汉字的认识,又能学会分类等;还有看图编故事、排序讲述、故事表演等,在不同内容、不同形式中促进幼儿的智力发展。

(三)适宜的介入和评价

1. 关注孩子的需求

在特别研究区中,教师不要随意去干涉幼儿的行为,而是要积极地观察、发现。观察幼儿在这一活动中的兴趣点、关注点是什么,会出现怎么样的问题。在观察的过程中捕捉教育的契机,在观察中开发教育目标和内容。这其中最重要的是教师要不断地去了解幼儿的需求。幼儿的需求是教师做出决策的前提。

2. 给幼儿自主学习的机会

特别研究区的目的就是培养幼儿自主学习的习惯,要充分地让他们自己学习。幼儿在学习的过程中会出现困惑或犯一些小错误,但作为活动的组织者、参与者的我们,不但要给幼儿自己解决问题、改正错误的机会,还要不失时机地鼓励他们大胆提出问题,启发他们在试验中不断探索,通过不断调整活动材料与方法来解决问题,同时为他们的操作提供有价值的线索和步骤。切记不要把答案直接告诉幼儿,那等于剥夺了每个幼儿自主学习的机会,收效甚微。幼儿在参与区域活动的学习过程中,他们对活动的过程与结果进行反思、再实验,进而提升为新的经验,这样的学习方式有助于幼儿在获得知识与行为方式的同时,发展探究的精神、训练解决问题的思维方法和培养实事求是的人生态度。在问题解决的同时,幼儿会产生成功的情感体验,进而增强自信心。

3. 教师要注意积极的评价

由于幼儿的年龄特点,他们的认知水平限制了自身对一些问题的思考和解决的能力。所以在活动过程中和结束后,教师要适时地评价幼儿的行为表现:①对活动过程进行评价,一般可通过组织幼儿互相交流、讨论,评比谁做得好、与伙伴合作的效果等进行评价。比如:在活动过程中合作好的幼儿,给予表扬和鼓励;对表现差的幼儿,教师要加以引导和提示。在区域活动中,教师的角色就是活动的参与者、隐性指导者及游戏伙伴,与幼儿建立友好的关系,要运用引导性、启发性、建议性的语言来指导,而不是用"你这样做不对""你要这样做"等批判性、命令性的语言。不管幼儿的想法和做法的对与错,教师都要耐心地去引导与接纳,教师可以竖大拇指或点头微笑来表示对幼儿的认可,也可以通过启发性的语言给幼儿良好的建议,例如:"还有没有其他办法呀?""某某小朋友的办法好像很不错",等等。教师对活动的评价要保持适中,既不能让幼儿感到自己的做法和想法错了,又能巧妙地提醒幼儿的行为有待改进,让他愿意把自己的想法说给教师听。不要过分地夸赞表现好的幼儿,以免给其他幼儿造成心理压力。②在区域活动结束后,教师应根据活动目标及观察收集到的幼儿操作情况做出恰如其分的评价,这对幼儿的发展是很重要的。对活动结果进行评价,教师要对整个活动进行评价和总结,并写出反思。因此,在区域活动中,幼儿通过操作材料所获得的知识和经验是表面的、粗浅的、感性的,这时就需要教师将幼儿在活动中获得的信息进行归纳、评价,使之条理化、理性化。恰当、及时的评价能促进幼儿自信度的增加,促进其个性和天赋的发展。

4. 展现亮点

每一次的特别研究活动都会有意想不到的发现和收获。教师要善于捕捉幼儿身上的闪光点。如在绘画活动中,青青和遥遥一起合作喷画,创作的作品非常有新意;在表演区中,鼎鼎在音乐结束的时候摆造型;在蛋壳装饰画活动中,贝贝细心地粘贴,直到完成作品才离开。这些看似小事,但若能及时肯定和鼓励幼儿,则能对幼儿产生很大的影响。因为它让幼儿感到教师对他们是如此的关注和重视,这会激励他们以后更加认真地投入区域活动之中。

三、特别研究区活动案例[①]

(一)活动名称

我是小车迷

(二)适宜年龄

3—4岁

(三)设计背景

汽车是幼儿在日常生活中常常见到和使用的交通工具,和幼儿的实际生活密切相关。喜欢汽车似乎是男孩的天性,几乎每天都有小朋友带来各种各样的玩具汽车和有关车辆的图书。各种汽车以其鲜艳的颜色和独特的外形吸引着幼儿的注意力,同时,不同车辆发出的独特声响也一样能引起他们的共鸣。在游戏活动时,常常能看到幼儿专注地摆弄玩具汽车的身影,也有三三两两的幼儿聚在一起,他们热衷于交流自己的心得体会。幼儿关于汽车的话题非常丰富,这已经成为他们生活和游戏中的重要内容。教师通过观察发现,幼儿已经积累了较为丰富的汽车知识,如对车辆种类、用途、声响的认识,有的幼儿对各种汽车品牌如数家珍,有的幼儿能熟练使用车载系统。具有特殊功用的汽车更能激发起幼儿的研究兴趣,如挖掘机、消防车等。为满足幼儿对汽车进一步探究和交流的需要,教师与幼儿共同开发了"我是小车迷"活动。

(四)活动目标

1. 乐于参加简单的科学实验活动,激发科学探究兴趣。
2. 运用多种感官,对玩具汽车进行多少、大小的比较和排序。
3. 学生观察、发现各种特殊车辆的明显特征和功能,培养初步的探究能力。

(五)资源收集

1. 请幼儿收集各种款式、颜色、功能的汽车玩具和汽车图书,丰富延伸区域活动材料。
2. 收集纸盒、泡沫、圆盘等各种废旧材料,用于幼儿的手工拼搭和制作。

[①] 王微丽.幼儿园区域活动:环境创设与活动设计方法[M].北京:中国轻工业出版社,2014.

3. 请家长协助幼儿进行"亲子汽车DIY",在教室里布置墙面环境或营造"车展"区,营造活动环境和氛围,激发幼儿的兴趣。

(六)材料投放

小班幼儿在区域活动中,喜欢色彩鲜艳、形象立体的操作材料。在"我是小车迷"活动中,教师根据幼儿的这一年龄特点,提供了大量半成品材料,在教师的指导下,幼儿对材料稍加组合搭配就可以制作出生动有趣的汽车。另外,结合不同种类汽车在外形、色彩、大小、功能、结构等方面的特点,教师陆续在各个区域开发投放了以下活动材料:

1. 建构领域:建构停车场、繁忙的马路等。
2. 艺术领域:汽车工程师、美丽的车轮画、喷漆小能手等。
3. 数学领域:数字小火车、汽车排队等。
4. 社会领域:乘车安全我知道、安全标识等。
5. 科学领域:回力车的实验、特殊的车辆、认识车的品牌、组装汽车模型等。

(七)活动回顾

玩具是幼儿的好朋友,幼儿沉浸在玩具世界里,真实地表现着自己的喜怒哀乐,教师常常在幼儿玩玩具的过程中,真实客观地观察到幼儿的情感流露、兴趣所在和能力发展状况。教师通过及时把握和挖掘这一教育价值,与幼儿一起在玩中学习和成长,如开着自己制作的小汽车去"旅行",用车轮蘸上颜色,创作出一幅极具现代意识的画作,学做交通警察指挥交通,在红绿灯游戏中了解交通规则,等等。

在特别研究区中,我们主张幼儿有较高的自由度,教师进行较低水平的组织与控制(教师主要是观察、了解和掌握幼儿的操作情况,并为调整下一步活动所需的材料做准备)。在整个过程中,自由选择、自主探索和交流分享这些环节应该都是由幼儿发起和结束,教师只在一旁对幼儿进行观察,并在幼儿的邀请或同意下参与和给予帮助,让特别研究区真正成为发现幼儿个体差异和优势智能的活动区域。

挖掘每一个幼儿的潜能,开发每一个幼儿的智能,让每个幼儿健康快乐地成长,这是每个教育工作者的心声。区域活动中特别研究区的创设和指导是一项不断创新的工作,要想使特别研究区更富有个性化,更有利于幼儿全面和谐的发展,教师还需要不断地实践—反思—再实践—再反思,只有不断地积累好的经验并积极运用,我们的特别研究区才会熠熠生辉,才会更富生命力。

【小结】

延伸区域是对基本区域的拓展延伸,它主要是根据幼儿的特殊需要和具体情况,针对解决某项具体问题或满足幼儿某些特殊需要而设置的专门的研究区域。其目的在于尊重幼儿发展的个别差异,促进幼儿富有个性地发展,满足每个幼儿的发展需求。延伸区域包括拓展区和特别研究区两个活动区域,拓展区是对问题的延展性探究,特别研究区是对问题的专项研究。延伸区域具有比较强的综合性,更能培养幼儿解决实际问题的能力,与现实生活的联系也更加紧密。

> **思考与练习**
>
> 1. 在区域活动中,拓展区的实施措施有哪些?
> 2. 在特别研究区中,教师如何培养幼儿的个性?
> 3. 在一次实习或见习过程中,搜集幼儿园区域活动中拓展区和特别研究区的案例,并在课堂上分享。

参考文献

1. 霍力岩,齐晓恬.区域活动的本质特征[J].幼儿教育,2009(Z1).
2. 黄珍.文化学比较视角下的幼儿园区域活动研究[D].广西师范大学硕士学位论文,2014.
3. 涂德兰.90年代以来幼儿园区域活动研究述评[J].科学咨询(教育科学),2017(2).
4. 线亚威.幼儿园活动区教育实验研究[J].辽宁教育学院学报,1999(1).
5. 霍力岩,孙冬梅等.幼儿园课程开发与教师专业发展——比较研究的视角[M].北京:教育科学出版社,2006.
6. 冯晓霞.幼儿园课程[M].北京:北京师范大学出版社,2000.
7. 张博.现代幼儿教育观念研究[M].长春:东北师范大学出版社,2003.
8. 王春燕.幼儿园课程概论[M].北京:高等教育出版社,2007.
9. 张海红.幼儿园区域活动中存在的问题与对策探析[J].教育导刊(下半月),2006(10).
10. 郑健成.学前教育学[M].上海:复旦大学出版社,2007.
11. 全晓燕.幼儿园区域活动设计与指导[M].上海:华东师范大学出版社,2016.
12. 郝萍瑞.人类发展生态学视野下幼儿园区域活动研究——以桂林市某幼儿园为例[D].广西师范大学硕士学位论文,2008.
13. 朱颖.幼儿园区域活动中差异性教学研究[D].山东师范大学硕士学位论文,2013.
14. 苏亮亮.基于ADDIE模型的幼儿园区域活动设计研究——以银川市×幼儿园为例[D].宁夏大学硕士学位论文,2016.
15. 刘焱.幼儿园游戏与指导[M].北京:高等教育出版社,2012.
16. 翟理红.学前儿童游戏教程[M].上海:复旦大学出版社,2013.
17. 霍习霞.学前儿童游戏与指导[M].上海:华东师范大学出版社,2014.
18. 庄宏玲.幼儿园区域活动环境创设的策略[J].学前教育研究,2011(5).

19. 陈娟. 在区域活动中巧用操作材料培养幼儿创造力的指导策略[J]. 中国校外教育(上旬刊), 2012(08).

20. 陈磊. 体验孩子：宋庆龄幼儿园区域活动案例[M]. 上海：华东师范大学出版社, 2001.

21. 肖菊红. 科学组织区域活动, 促进幼儿个性和谐健康发展[J]. 学前教育研究, 2009(08).

22. 王微丽. 幼儿园区域活动：环境创设与活动设计方法[M]. 北京：中国轻工业出版社, 2014.

23. 阎平, 曹爽英. 幼儿教师组织指导幼儿角色游戏应具备的能力素质[J]. 学前教育研究. 2007(9).

24. 姜帆. 幼儿园表演游戏的现状、问题及对策——以济南市四所幼儿园为例[D]. 山东师范大学硕士学位论文, 2016.

25. 陈霞. 幼儿园结构游戏中的教师指导研究——以济南市幼儿园为例[D]. 山东师范大学硕士学位论文, 2014.

26. 杨珊珊. 幼儿园结构游戏材料配备与使用的评价研究[D]. 华东师范大学硕士学位论文, 2009.

27. 汪超. 幼儿园体育材料设计与运用150例[M]. 北京：中国轻工业出版社, 2015.

28. 赵晓卫, 李丽英, 袁爱玲. 幼儿园民间体育游戏课程[M]. 福州：福建教育出版社, 2015.

29. 程玉蓉, 甘露. 幼儿游戏活动组织与指导[M]. 重庆：重庆大学出版社, 2015.

30. 袁爱玲. 幼儿园数学学具的设计与使用[M]. 福州：福建教育出版社, 2015.

参考答案

第一章

1.区域活动是差异化教育；区域活动是幼儿自主学习的活动；区域活动具有教育性；区域活动是导师制教育；区域活动是操作实践性活动；区域活动是创造性活动；区域活动是幼儿乐于参与的活动。

2.为同伴交往提供了良好的心理环境；促进幼儿自主参与活动、自发学习，提高认知能力；增进同伴、师幼交流，培养幼儿交往能力；有利于幼儿探索能力和动手操作能力的培养；促进幼儿社会性的良好发展。

第二章

1.（1）满足幼儿的学习兴趣和需要；（2）为幼儿提供合适的区域材料；（3）激发幼儿学习的主动性；（4）促进幼儿社会性的发展。

2.（1）安全性原则；（2）区域环境与教育目标一致的原则；（3）适宜性原则；（4）儿童参与性原则；（5）独特性原则；（6）动态性原则；（7）经济性原则。

3.（1）在区域活动中创设"标志性环境"；（2）区域环境创设要符合幼儿的发展需要；（3）让幼儿成为区域环境创设的主体；（4）创设"支架性"的区域环境；（5）创设"游戏情境"的区域环境。

第三章

略

第四章

1.创设良好的区域活动环境，隐含渗透规则；师幼共同协商，完善区域活动规则；教师正确引导，长效实行规则。

2.投放的材料应注意安全性；投放的材料应具有动态性；投放的材料应具

有探究性和引导性；投放的材料应具有可操作性和层次性。

第五章

1-4,B B B A

5.案例中,老师通过细心观察,发现文文在邮局里无所事事,周围也没有玩伴；然后采取了亲自走进幼儿游戏的方式,以自己的行为方式带动幼儿的游戏进程。虽然没有直接地告诉幼儿怎么做,但老师巧妙地采用了和幼儿一样的角色游戏方式进行干预,而干预的结果又是有效的,这就充分地说明,老师的这种干预方式保证了游戏的价值；同时,老师的行为也影响了周围的学生,学生竞相模仿,邮局变得热闹起来。这也说明教师的这种干预方式起到了明显的指导作用。

第六章

略

第七章

1.原因是在这个数学区域活动中,教师投放的操作材料是同样种类的若干份来实现一个目标,投放的材料比较单一,幼儿在对同一种材料的重复操作中进行学习,这样枯燥无味的操作会使幼儿产生厌倦情绪。

可提供的其他活动材料如"棋盘滚珠",提供的材料有:棋盘滚珠盒一个,珠子8个,记录卡,笔。"撒花片",提供的材料有:正反面双色花片8片,花片盒,记录卡,笔。教师可以提供多种不同的材料,这样幼儿既能在反复操作中实现目标,又乐此不疲。

2.重点观察区域材料投放的数量和品质,结合幼儿的区域游戏实际活动情况,判断这些材料是否符合幼儿的兴趣和发展需要。

第八章

1.设定与解读主题；以环境创设和材料的投放推动主题发展；利用幼儿的反馈推动主题的发展；及时反思、总结、推进拓展区的发展。

2.(1)营造宽松愉快的活动氛围：

①注重活动环境的创设；
②充足的活动时间。
（2）创造灵活多样的物质环境：
①投放丰富的、具有多用性的材料；
②提供不断变化的区域。
（3）适宜的介入和评价：
①关注孩子的需求；
②给幼儿自主学习的机会；
③教师要注意积极的评价；
④展现亮点。